AF628769

Mit Symbolen den Glauben verstehen

Willi Hoffsümmer

Mit Symbolen den Glauben verstehen

55 Ideen zum Kirchenjahr für Gottesdienst und Gemeinde

Schwabenverlag

VERLAGSGRUPPE PATMOS

PATMOS
ESCHBACH
GRÜNEWALD
THORBECKE
SCHWABEN
VER SACRUM

Die Verlagsgruppe
mit Sinn für das Leben

MIX
Papier aus verantwortungsvollen Quellen
FSC
www.fsc.org
FSC® C083411

Klimaneutral
Druckprodukt
ClimatePartner.com/14549-2003-1001

Für die Schwabenverlag AG ist Nachhaltigkeit ein wichtiger Maßstab ihres Handelns. Wir achten daher auf den Einsatz umweltschonender Ressourcen und Materialien.

Verlagsgruppe Patmos in der Schwabenverlag AG, Ostfildern
www.schwabenverlag-online.de

Umschlaggestaltung: Finken & Bumiller, Stuttgart
Umschlagabbildung: Photo by guy stevens on unsplash
Gestaltung, Satz und Repro: Schwabenverlag AG, Ostfildern
Druck: CPI books GmbH, Leck
Hergestellt in Deutschland
ISBN 978-3-7966-1797-3

Inhalt

Besondere Anlässe und Themen

Anhang

Vorwort

Seit vielen Jahren veröffentliche ich Gottesdienstmodelle und Predigtbücher mit Symbolen und Geschichten. Nicht zuletzt aufgrund der vielen positiven Rückmeldungen bin ich nach wie vor überzeugt, dass einprägsame Symbole Einfallstore für Gottes heilenden und befreienden Geist sind und tiefer gehen als das nur gesprochene Wort. Auch Jesus sprach ja in Bildern und Gleichnissen und konnte damit nachhaltig die Menschen berühren: Frauen und Männer, Alte und Junge, den Fischer Petrus ebenso wie den gelehrten Paulus.
Wenn Menschen sich heutzutage oft nur noch von den fast unbegrenzt erscheinenden elektronischen Möglichkeiten begeistern lassen, dann ist die Gefahr groß, blind zu werden für die kleinen Wunder am Wege: für einen Regenbogen, einen knorrigen Baum oder für die vielfältigen Wiesenblumen, die bunt und verschwenderisch wachsen und scheinbar absichtslos ihre Schönheit zeigen.
Dies gilt vielleicht besonders für Kinder und Jugendliche, die bereits mit Computer, iPhone und iPad aufwachsen oder aufgewachsen sind. Aber Symbole und Geschichten sind eine Fundgrube für alle Altersgruppen, weil sich hier vom Wissen zur Weisheit gangbare Wege öffnen.

Ich freue mich, wenn Sie auch in diesem Buch wieder viele Ideen und Anregungen für Gottesdienst und Gemeinde finden!

Ihr
Willi Hoffsümmer

Feste, Festzeiten und Sonntage im Jahreskreis

Advents- und Weihnachtszeit

1. Die Stille suchen
(Advent)

Symbole/Vorbereitung

Acht verschiedene Gegenstände: siehe Sprechspiel (Wassertropfen, Schneekristall, Kerze, Notenschlüssel, Bild, Buch, Kirchenumriss, Baby-Puppe).

Hinweis

Auch übertragbar auf die Fastenzeit.

Lesungen

Jak 5,7–10: Geduldig warten;
Offb 3,20: Wer mein Klopfen hört …;
Mk 1,1–8: Eine Stimme ruft in der Wüste: Bereitet dem Herrn den Weg!;
Mk 4,35–41: Im Zentrum des Sturms herrscht Stille.
Fastenzeit: Mk 1,12–15: Jesus blieb vierzig Tage lang in der Wüste.

Sprechspiel

L.: Bedeutende Männer und Frauen sind vor wichtigen Entscheidungen in die Stille, sozusagen in die Wüste gegangen, um Kraft zu schöpfen, um die Stimme Gottes zu hören, um über die Wahrheit nachzudenken. Wer glaubt, im Advent (in der Fastenzeit) in Hetze und Lärm das Klopfen Gottes an seiner Herzenstür hören zu können, der irrt.
Einige Kinder und Jugendliche möchten uns sagen, dass wir Gott am leichtesten in der Stille begegnen können.

1.: *(mit einem großen gemalten Wassertropfen)* Mein Wassertropfen erinnert daran, wie beruhigend Wasser auf uns wirkt. Vielleicht deshalb, weil wir im Laufe von neun Monaten darin groß geworden sind. Ein Spaziergang am weiten Strand beruhigt uns und bringt die

Kräfte unserer Seele leichter ins Gleichgewicht. Wer diese Stille erfährt, kann danach besser hören.

2.: *(mit einem gemalten Schneekristall)* Das Wandern durch eine Schneelandschaft trägt Frieden in unser Herz. Mein Schneekristall will an das wärmende Tuch erinnern, das dann alles bedeckt. Das Glitzern von Millionen Schneekristallen lässt uns staunen und dankbar werden für Gottes Schöpfung.

3.: *(mit einer brennenden Kerze)* Eine brennende Kerze strahlt Wärme und Ruhe aus. Wir fühlen uns in ihrem Glanz geborgen und von ihr angezogen – ein Gefühl von Heimat breitet sich in unserem Inneren aus. Da begegnen wir der Stille, die unsere Sinne wacher und empfänglicher macht. Es fällt viel leichter, das Klopfen an der Tür unseres Herzens zu hören.

4.: *(mit einem gemalten Notenschlüssel)* Unsere Kräfte wachsen, wenn wir entspannt in harmonische Musik eintauchen. Mein Notenschlüssel soll an Geigen- oder Harfenklänge erinnern oder an die besinnliche Weise einer Flöte. Dahinter kann ich leichter die Stimmgabel Gottes vernehmen, die uns aufzeigt, wo das Schöne und Wahre zu finden ist.

5.: *(mit einem schönen Bild)* Auch stille Bilder wie die Seerosen von Monet können die Fenster der Seele öffnen – oder auch eine Skulptur wie beispielsweise die Bettlerin von Barlach. Stille breitet sich aus, die dichter wird und erfüllter macht.

6.: *(mit einem Buch)* Auch Bücher wie »Der Kleine Prinz« beruhigen – oder Gedichte von Joseph von Eichendorff oder Matthias Claudius. Im Buch der Bücher, der Heiligen Schrift, steht im Buch der Weisheit: Als tiefes Schweigen das All umfing und die Nacht in ihrem Lauf bis zur Mitte gelangt war, da sprang dein allmächtiges Wort vom Himmel … (Weish 18,14). Wir können das Kind in der Krippe leichter finden, wenn wir die Stille suchen.

7.: *(mit dem Umriss einer Kirche)* Wer in eine Kirche geht, kann die Gegenwart Gottes nachhaltiger spüren: Die Steine und Wände atmen Ewigkeit aus. Hier können wir den Atem Gottes auf uns wirken lassen.

8.: *(hält eine Baby-Puppe im Arm)* Die größte Ruhe geht von einem schlafenden Säugling aus. Wie entspannt, vertrauensvoll und ausgeglichen liegt er da! Wer ihm ins Gesicht schaut, darf dahinter den sehen, der uns allen die Zusage gibt: Ich liebe dich – so wie du bist!

L.: Wir haben von acht Möglichkeiten gehört, in diesen hektischen Tagen die Stille zu suchen, um das Kind in der Krippe finden zu können. Vielleicht hat uns Gott auch deshalb ein Kind gesandt, damit wir vor ihm keine Angst zu haben brauchen. Seine einladend geöffneten Arme sind Gottes Angebot, uns umarmen zu lassen.

2. Den richtigen Ton finden
(Advent)

Symbol/Vorbereitung

Eine Stimmgabel und eine Triangel oder Klangschale.

Lesungen

Röm 13,11–14: Die Stunde ist gekommen aufzustehen;
Mk 13,24–27 / Mt 24,42–44 / Lk 21,25–28: Seid wachsam!

Ansprache

Wenn in diesen Tagen vermehrt Chöre bei uns adventliche Lieder singen und uns auf diese Zeit einstimmen, dann kann man Folgendes beobachten: Obwohl die Dirigentinnen und Dirigenten meist schon viele Konzerte geleitet haben, schlagen sie häufig zunächst kurz die Stimmgabel an, um genau den richtigen Ton zu finden – vielleicht verbirgt sich darin auch die Stimme Gottes!

(L. schlägt die Stimmgabel an und hält sie ans Mikro, um die Schwingungen in der Kirche hörbarer zu machen) Konnten Sie den Ton hören? Damit es besser gelingt, nehme ich auch noch einmal diese Triangel *(Klangschale)*.

(L. tut es und schlägt sie an)

1. Also: den richtigen Ton finden. Vielleicht *den* Ton, die Stimme Gottes, die im Advent zu uns sagt: *(L. schlägt die Triangel/Klangschale an*

und lässt sie ausklingen) Lebt einfacher! Warum die Jagd nach so vielen Geschenken? Wollen wir den Handel glücklicher machen? Unter so vielen Geschenken erstickt das Kind in der Krippe. Es wird regelrecht von ihnen zugedeckt, und wir sehen gar nicht mehr das Wesentliche: Das Kind ist das Geschenk. Schaut auf seine einladenden Arme. Es will uns umarmen. Das Kind ist Weihnachten, wir feiern seinen Geburtstag!

Und dann erst kommt: Weil wir im Kind so beschenkt sind, beschenken wir einander, geben die Freude weiter.

2. Den richtigen Ton finden. Vielleicht die Stimme Gottes, die zu uns spricht *(L. schlägt wieder die Triangel/Klangschale an und gibt ihre Schwingungen ins Mikro)*: Geht mehr in die Stille. Wir kommen doch bereits am Anfang unseres Lebens neun Monate aus der Stille. Und am Ende des Lebens gehen wir wieder in die große Stille ein. Die Hektik macht uns krank, nervös, unaufmerksam. – Wir verlieren unsere Mitte.

   Kommt im Advent sogar mehr Streit in die Familie? Also genau das Gegenteil von dem, was der Advent möchte?
3. Den richtigen Ton finden. Vielleicht die Stimme Gottes? *(L. schlägt wieder die Triangel/Klangschale an und lässt sie verklingen)* Geht mehr nach innen! Hören wir noch unsere Herztöne und die der anderen? Hören wir auf unser Herz, oder ist uns das Smartphone wichtiger als strahlende Kinderaugen?

   Wenn von innen Frieden und Vertrauen wachsen, kann die Welt aufatmen.
4. Den richtigen Ton finden. Vielleicht die Stimme Gottes? *(L. schlägt wieder die Triangel/Klangschale an)* Sind wir noch barmherzig? Das hat auch immer etwas mit Gerechtigkeit zu tun! Johannes der Täufer, dieser mächtige Prophet, der uns im Advent begegnet, versuchte es mit der Axt: Die Bäume, rief er, die keine Frucht bringen, werden umgehauen und ins Feuer geworfen! (Mt 3,1–12). Aber Jesus kommt mit dem Spaten: Hat einer den Boden untersucht, warum der Baum keine Frucht bringt? Oder nach der Dürre gießt er Wasser an den Baum (Lk 13,8). Er gibt dem Baum, er gibt uns, eine neue Chance.

So einer ist Jesus! Aber auch er ruft, wie Johannes, zur Wachsamkeit auf!
Sind wir ein guter Resonanzboden, sind wir gütig?

5. Den richtigen Ton finden! Vielleicht sogar zur Stimme Gottes werden. *(L. schlägt die Triangel/Klangschale an)*
Bringen wir die richtigen Schwingungen in die Welt? Das Zuhören-Können, das Teilen. Können wir überhaupt noch verzichten? Bringen wir besonders in den kommenden Wochen die Botschaft des Kindes in der Krippe zum Klingen! *(L. schlägt noch einmal die Triangel/Klangschale an und lässt sie verklingen)*

3. Vom Strohhalm zum Stern
(Advent)

Symbol/Vorbereitung

Für jeden einen Strohhalm und einen ca. 50 cm langen Faden. Die bunten Fäden sollen an die einzelnen Farben des Regenbogens erinnern. Alternativ: Es genügt auch, wenn L. es zeigt; dann entfällt allerdings der Gedanke vom Regenbogen.

Lesungen

Jes 42,1–4: Das zerknickte Rohr zerbricht er nicht;
1 Kor 3,10–15: Bauen wir am Haus unseres Lebens mit Gold, Holz oder Stroh?;
2 Petr 3,8–14: Die Elemente werden sich in Feuer auflösen;
Mt 3,1–12 / Lk 3,10–18: Die Spreu wird verbrennen.

Ansprache

Haben Sie auch etwas Angst bekommen bei den deutlichen Worten Johannes des Täufers?: »Jeder Baum, der keine guten Früchte bringt, wird umgehauen und ins Feuer geworfen!« (Mt 3,10); »Die Spreu wird in nie erlöschendem Feuer verbrennen!« (Mt 3,12). Sind wir nicht oft Menschen, die keine guten Früchte bringen und wie Spreu und Stroh wertlos, enttäuschend und leer? Wer fühlt sich denn schon wie Weizen: kostbar und erfüllt?

Zunächst aber möchte ich kurz erklären, wie früher geerntet wurde: Nachdem das Getreide geschnitten war, wurde auf die Garben mit Prügeln oder Dreschflegeln eingeschlagen, oder Tiere trampelten mit angehängten schweren Hölzern so lange auf den Ähren, bis die Körner herausfielen. Dann wurde das Gedroschene hochgeworfen. Dabei trug der Wind das leere Stroh und die Spreu fort, während die gewichtigeren Körner sofort auf den Boden fielen. Dann wurde der Weizen in der Scheune eingelagert, die Spreu und die Strohschnipsel aber wurden verbrannt.

Johannes greift dieses Bild der Ernte auf und stellt die Frage: »Sind wir Weizen oder nur Spreu?«

Jesus zeigt uns einen anderen Gott: Er verurteilt nicht gleich, was wir versäumt oder falsch gemacht haben. Jesus tritt auf wie Gott, von dem der Prophet Jesaja gesagt hat: »Er wird das geknickte Rohr nicht zerbrechen und den glimmenden Docht nicht auslöschen!« (Jes 42,3/Mt 12,20). Ja, Jesus selbst wird bei seinem Kommen auf leeres Stroh gelegt, auf unsere Spreu der Oberflächlichkeit, auf unser Stroh des Versagens und der Armseligkeit.

Jetzt wissen Sie also, warum wir heute alle einen Strohhalm bekamen: Zeichen für unsere Fehler, für unsere leeren Hände.

Jesus hat die Maßstäbe unserer Zeit »durchkreuzt« – bis zum Tod am Kreuz. Darum brechen wir jetzt unseren Strohhalm in der Mitte durch und legen die beiden Teile über Kreuz zusammen. Wir erhalten ein Kreuz!

Der Ruf des Johannes bleibt allerdings gültig: »Kehrt um! Bereitet dem Herrn den Weg!« (Mt 3,3). Wer jedoch mit leeren Händen dasteht, bekommt bei Jesus keine Drohung zu hören. Aber er soll, wie er ist, hinter ihm hergehen, ihm nachfolgen: »Wer nicht sein Kreuz auf sich nimmt und mir nachfolgt, ist meiner nicht würdig!« (Mt 10,38). Als Zeichen unserer Umkehr und unseres guten Willens, Jesus nachzufolgen, brechen wir jetzt vorsichtig beide Hälften unseres Strohhalmes noch einmal durch. Nun haben wir vier Stücke, aus denen wir zwei Kreuze zusam-

menfügen können. (Vielleicht hilft jeder seinem Banknachbarn ein wenig dabei.)
Das erste Kreuz ist unser Kreuz, das wir manchmal ganz schön schwer auf den Schultern fühlen. Das zweite Kreuz ist das eines anderen Menschen, des »Nächsten«, das wir mittragen sollen, damit es nicht zu sehr drückt.
Wenn Sie jetzt das eine Kreuz etwas verschoben auf das andere legen, haben Sie einen achtstrahligen Stern. Den packen Sie mit der linken Hand genau in der Mitte, nehmen mit der rechten Hand den Faden, den Sie am Eingang erhalten haben, und umwickeln jetzt den Stern, damit dieser Halt bekommt. (Bitte gegenseitig helfen: zunächst *einen* Stern binden und dann den zweiten!) Schauen Sie beim Umwickeln auf die Farbe des Fadens: Der eine hat einen grünen, der andere einen gelben, der dritte einen roten oder blauen: Grün = Stern der Hoffnung; Gelb = Stern, der schon etwas von der himmlischen Herrlichkeit widerspiegelt; Rot = Stern der Liebe; Blau = Stern der Treue; Violett = Stern der Besinnung und Umkehr … Alle Fäden zusammen aber zeigen die Farben des Regenbogens. Erinnern Sie sich? Der Regenbogen stand nach der Sintflut in den Wolken als Zeichen der Versöhnung Gottes mit den Menschen.
Dieser achtstrahlige Stern, den Sie zu Hause auf den Adventskranz legen und an Weihnachten in den Christbaum hängen können, soll uns sagen: Wir glauben an einen Gott, der in Jesus seine Güte und Menschenfreundlichkeit gezeigt hat (Tit 3,4). (Vers 5: Er hat uns gerettet – nicht aufgrund von Werken der Gerechtigkeit, die wir vollbracht haben, sondern nach seinem Erbarmen. – Auch dieser Vers zeigt noch einmal, dass der Gott des Neuen Testaments die Botschaft des Johannes übersteigt.) Wir danken dem barmherzigen Vater, weil er ein Herz für uns hat, auch wenn wir Fehler machen.

NACH IDEEN VON UTE STRICKER, LORE KUFNER UND DEM MATERIALDIENST DES SEELSORGEAMTS FREIBURG I.BR.

4. Bereitet den Weg des Herrn!
(2. Advent)

Symbol/Vorbereitung

Ein Weihnachtsmann aus Schokolade; ein schöner Bilderrahmen; ein Herz, eine Sonne und eine kleine, nicht konsekrierte Hostie in einer Lunula (= ein halbmondförmiger Halter, mit dem die Hostie in die Monstranz eingefügt wird).

Hinführung

Wer in diesen Adventstagen abends durch die Straßen geht, kann zu Weihnachten keinen Unterschied mehr feststellen: geschmückte Tannenbäume, illuminierte Häuser, manchmal sogar die Krippe mit Kind – und den Spekulatius können wir schon seit vier Monaten kaufen. Aber den meisten fehlt das Wesentliche.

Lesungen

Phil 1,4–6.8–11: Entscheidet euch für das, worauf es ankommt;
Mt 3,1–12 / Mk 1,3– 8 / Lk 3,1–6: Bereitet dem Herrn den Weg.

Ansprache

1. *(L. zeigt den Weihnachtsmann und streift das goldsilberne Papier herunter)* Beiße ich jetzt diesem Schoko-Weihnachtsmann den Kopf ab, zeigt sich die ganze »Bescherung«: innen hohl und die Schokolade ist auch meist nicht die beste. Und wenn wir an das heutige Evangelium denken, bedeutet das: Wenn nicht mehr geschieht auf den Ruf des Täufers hin: »Bereitet dem Herrn den Weg!«, dann bleibt das eigentliche Fest hohl und leer. (nach Alexander Roll)

   Wäre dies hier doch wenigstens ein Nikolaus, dann hätten wir sein gütiges Herz vor Augen: Wie er sich in der Stadt Myra um die Armen und Notleidenden kümmerte. Wenn eine der vielen Legenden einen wahren Kern hat, dann verkaufte er dem Kapitän sogar kostbare Geräte aus seiner Kirche, um an genügend Kornsäcke für die hungernde Bevölkerung zu kommen. Das war schon so radikal, dass bis heute manchen Kirchenmännern bei dieser Vorstellung ein Schreck durch die Glieder fahren kann. *(L. legt den Weihnachtsmann weg)*

2. Hier seht ihr einen wunderbaren Rahmen *(L. zeigt ihn)*. Es ist schön, was sich alles an Glanz in den geschmückten Straßen zeigt. Aber wenn zu den viel zu früh geschmückten Christbäumen – es weiß sowieso kaum einer, warum sie so üppig bunt und kostbar geschmückt sind, wo doch das Kind arm in einem Stall geboren wurde – nicht noch mehr hinzukommt, dann bleibt auch das Weihnachtsfest leer, wie der hohle Schoko-Weihnachtsmann.
   Darum dürfen jetzt die wirklichen Kostbarkeiten zu Wort kommen. Bemühen wir uns um sie, damit sich das Bild von Weihnachten füllt und auch unser Herz erfüllt wird.
   (L. hält ein Herz in den Rahmen) Im Kind in der Krippe ist das Herz Gottes sichtbar geworden. Es ist ein barm-herz-iges. Es ist Gott, über den wir uns freuen können. Und egal, wer und wie wir sind, dürfen wir nähertreten. Es kommt auf das Herz an in unseren Geschenken und Begegnungen, nicht auf die Brieftasche. Die Heiligen in dieser Jahreszeit – von St. Martin über Elisabeth bis zu Nikolaus und Luzia – haben in ihrem Leben offenbart, was das heißt: Herz zeigen. Dazu zählt auch, dass sich jetzt die Sternsinger wieder vorbereiten, um sich nach Weihnachten auf den Weg zu machen.
   (L. hält eine Sonne in den Rahmen) Es naht die Sonnenwende um Weihnachten. Gott sei Dank: Die Tage werden dann wieder länger. Die Dunkelheit zieht ja viele auch im Lebensgefühl nach unten. In den nordischen Staaten, wo die Sonne monatelang nicht zu sehen ist, strömen die Menschen in Studios, um sich ins künstliche Licht zu legen. Wir dürfen unser Herz in die Sonne Gottes halten und dem Kind in der Krippe ganz nahe begegnen.
   (L. hält die Lunula mit der Hostie in den Rahmen; wenn der Rahmen sehr groß ist, kann natürlich auch die gesamte Monstranz verwendet werden)
   Ihr seht jetzt ein Geheimnis unseres Glaubens: In einem Stückchen Brot darf Jesus ganz empfangen werden. Das kleine Kind in der Krippe: ein *göttliches* Kind. Das ist schon zum Staunen. Aber es

macht sich in diesem Brot noch kleiner, möchte ganz eng mit uns verbunden sein. Der große Heilige Thomas von Aquin, dem wir viele bedeutende Bücher verdanken, wollte nach einer geheimen Vision nichts mehr schreiben; noch nicht einmal das letzte Buch beenden. Er war erst 45 Jahre alt. Er kniete stattdessen stundenlang vor dem Tabernakel. Als er nach dem »Warum?« gefragt wurde, antwortete er: »Ich höre darin das Herz des Herrn schlagen!« Betlehem heißt übersetzt »Brothausen«. Hier kam also das Brot vom Himmel zur Welt. Und wenn wir es in der heiligen Kommunion empfangen dürfen, dann achten wir dabei auf den Herzschlag Gottes.

Deshalb schmücken wir Christbäume so wunderbar: Weil in diesem Kind in der Krippe der Himmel die Erde küsst. Weil wir vor ihm in die Knie gehen können und es wie die Hirten und Könige anbeten dürfen – bis er wiederkommt im Glanz seiner Herrlichkeit. Bereitet also dem Herrn den Weg!

(L. legt die Gegenstände gut sichtbar hin; die Lunula wird auf den Altar gestellt)

5. Offene Türen
(2. Advent)

Symbol/Vorbereitung

Ein kleiner und ein großer Schlüssel (eventuell imposanter, alter Kirchentürschlüssel), damit die Augen mitkommunizieren.

Vorbemerkung

Die Symbole »Schlüssel« und »Tür« oder »Tor« passen nicht nur besonders in den *Advent* (siehe die Texte der Adventslieder), sondern ins ganze Kirchenjahr: Die russischen Ikonenbilder mit dem *auferstandenen* Christus zeigen, wie er die Pforten der Unterwelt so massiv aufbricht, dass Bretter, Schlösser und Scharniere wegfliegen. Und *Pfingsten* ist das »Fest der offenen Türen«, denn wären sie verschlossen geblieben, wäre die Kirche nicht »geboren« worden.

Lesungen

Jes 11,1–10: Das Reis aus der Wurzel Jesse;
Mt 3,1–12 / Mk 1,1–8: Kehrt um!

Hinführung

Vor einiger Zeit stand in der Zeitung, ein Mann habe aus einer Telefonzelle den Schlüsseldienst angerufen, weil er nicht mehr herauskam und an einen Scherz glaubte. Als die Männer dann kamen, stellten sie fest: Der Mann hatte immer nur *gegen* die Tür gedrückt; er hätte sie aber aufziehen müssen!

Vielleicht ist uns das auch schon passiert: Wir kommen an eine verschlossene Tür und es läuft uns siedend heiß über den Rücken: Oh verschlossen! Was geht jetzt alles nicht! Aber dann die Erleichterung, wenn wir ziehen und sie geht – Gott sei Dank – auf.

Ansprache

Schlüssel sind wichtig. Viele können jetzt schon sagen: Auch dieses Jahr werde ich keine Weihnachtsfreude haben, weil ich gar nicht weiß, wie ich noch alles schaffen soll. Darum habe ich diesen Schlüssel *(L. zeigt den großen Schlüssel)* mitgebracht. Er soll uns helfen auf unserem Weg zur Weihnachtsfreude.

Schon die Kinder wissen, wie wichtig Schlüssel sind, und bekommen ihn zur Sicherheit um den Hals gehängt. Sollte er dann trotzdem verloren gehen, kann man die Eltern verstehen, die sich dann aufregen. Denn es kostet ja unter Umständen viel Geld, alle Schlösser auszutauschen. Ebenso kann die Suche nach einem verlorenen Schlüssel lange dauern. Übel ist es auch, wenn der Schlüssel im Schloss abbricht. Da hilft kein Zweitschlüssel, auch kein Stoßgebet, da muss der Schlüsseldienst kommen!

Es ist erstaunlich, dass heutzutage, wo so viele Schlüssel in den Beziehungen zwischen Menschen abbrechen, der »Schlüsseldienst Kirche«, der *noch* gleich um die Ecke ist, nicht mehr in Anspruch genommen wird. Offenbar trauen die Menschen uns, der Kirche, nicht mehr so viel zu.

Gottes Türen sind nur angelehnt. Jetzt darf ich allen ein Geheimnis anvertrauen: Für die wichtigsten Türen – das sind die, die zu Gott führen – brauchen wir keine Schlüssel. Denn Gottes Türen sind nur angelehnt! Die einzige Leistung, die wir bringen müssen, ist: sie aufzustoßen.
Mit den Worten, die Johannes der Täufer eben den Menschen zugerufen hat, sind zu allen Zeiten Menschen eingeschüchtert und »kleiner gemacht« worden. Hören wir noch einmal sein Bildwort *(drohend und laut sprechen)*: Jeder Baum, der keine guten Früchte bringt, wird mit der Axt umgehauen und ins Feuer geworfen!
Jesus hat uns eine barmherzigere Botschaft gebracht. Wir erinnern uns: Der verlorene Sohn, der schließlich zwischen den Schweinen gelandet ist, braucht nicht groß etwas zu leisten, nein, er muss sich nur aufmachen, um zum Vater zurückzugehen. Und dieser Vater läuft ihm sogar entgegen und nimmt ihn freudestrahlend in die Arme – dann erst bekennt der Sohn tief bewegt seine Schuld. Beachten wir die Reihenfolge! So einer ist mein Vater, sagt Jesus (Lk 15).
Auf Herzenstüren passen nur ganz kleine Schlüssel. Warum habe ich denn den Schlüssel mitgebracht, wenn ich keinen für die entscheidenden Türen im Leben brauche? *(L. zeigt den kleinen Schlüssel)* Könnt ihr diesen kleinen Schlüssel erkennen? Am liebsten würde ich den großen einschmelzen lassen, um ganz viele kleine Schlüssel daraus zu erhalten. Denn die brauche ich, um die Herzen der Menschen aufzuschließen. Was sind wir doch für arme Getriebene! Wir hetzen uns in diesen Tagen mit dem großen Schlüssel »Geldbörse« ab und sind zu Weihnachten mit den Nerven fertig, wenn wir endlich alle Geschenke beisammen und die vielen Vorbereitungen getroffen haben. Aber wie viel Gramm Liebe produzieren wir mit all der Hektik?
(Interessant in diesem Zusammenhang: Im Buch »Die unendliche Geschichte« von Michael Ende heißt das dritte und letzte Tor »Ohne-Schlüssel-Tor«. Dessen unzerstörbares Material reagiert nur auf den Willen: Je mehr einer haben will, umso fester schließt die Tür.)
Wir brauchen aber die feinen kleinen Schlüsselchen, um die Türen zu den Herzen aufzuschließen. Und wenn wir wissen, dass die Türen Gottes offenstehen, dann kann uns das doch Mut geben, mit viel mehr Fin-

gerspitzengefühl die Herzen derer aufzuschließen, die ganz nahe um uns sind. Dann hat die Freude über Weihnachten eine Chance, unsere Herzen zu erfüllen. *(Wenn der Kirchenschlüssel imposant ist, darf er jetzt ruhig mal durch die Reihen gegeben werden.)*

6. Das Kamel als Wegbegleiter auf dem Weg zur Krippe (Advent, bes. 2. Advent, Lesejahr B)

Symbol/Vorbereitung

Das Kamel aus der Krippe ist gut sichtbar aufgestellt, und ein schöner Stern liegt bereit (den Stern von einer Sternsingergruppe ausleihen).

Lesungen

Jes 40,1–5.9–11 (hier: 1.3–5): Bahnt einen Weg durch die Wüste;
Mk 1,1–8: Bereitet dem Herrn einen Weg.

Ansprache

(L. zeigt auf das Kamel:) Es fällt euch sicher nicht schwer herauszufinden, woher ich das tolle Kamel habe? *(von der Krippe)* So ein Kamel hat sich im Laufe der Jahrhunderte wunderbar auf die Wüste eingestellt, in der man leicht umkommen kann: Da sind die breiten Füße, die es vor dem Einsinken in den weichen Wüstensand bewahren. Es kann so viel Wasser speichern, dass es zwei, drei Wochen nicht zu saufen braucht. Da ist der Höcker voller Fett, das es braucht, um Kräfte für den Marsch und die schweren Lasten zu schöpfen. Und wer schon auf so einem »Wüstenschiff« gesessen hat, der weiß, wie es genau *über* der flimmernden Hitze in der Wüste Platz nehmen kann.
Jetzt wollte ich aber keinen Tierkunde-Unterricht abhalten. In den Lesungen hieß es: »Bahnt einen Weg durch die Wüste!«, dabei kann uns das Kamel ein sehr guter Wegbegleiter sein. *(L. nimmt den Stern:)* Zuerst aber muss in uns die Sehnsucht erwachen, uns überhaupt aufzumachen zum Stall nach Betlehem. Den Sterndeutern aus dem Morgenland war ein neuer Superstern am Himmel aufgefallen, der ihnen sagte: Da ist ein

neuer König geboren, der stellt alle bisherigen Könige und Herrscher in den Schatten. Dem wollten sie huldigen. Und sie folgten dem Stern.
Wenn auch wir diese Sehnsucht verspüren, die Weihnachtsfreude nicht im geschmückten Tannenbaum und in den Geschenken *allein* zu suchen, sondern besonders im göttlichen Kind in der Krippe, dann folgen auch wir dem Stern. Darum stelle ich ihn einmal vor den Altar: Er soll uns an die Sehnsucht nach dem erinnern, was uns *innerlich* erfüllen kann.
Jetzt drehe ich das Kamel mit seiner Nase zum Stern. Das Kamel trinkt sich noch einmal in einer Oase voll und schöpft Kraft für die letzte Etappe des Weges. Die Adventszeit, richtig gelebt, ist wie eine Oase, in der wir uns die Kraft holen können für den Weg zur Krippe.
Schauen wir jetzt auf das Kamel, wenn es uns ein Vorbild und guter Wegbegleiter sein soll: Seht auf seine Füße, sie sind wie große Teller, die nicht einsinken im Wüstensand, das heißt in den tausend Angeboten der Warenhäuser. Diese halten uns nur auf und lenken vom Wesentlichen ab. Habt ihr noch die Sehnsucht, bei dem Kind anzukommen? Blickt ihr noch auf den Stern?
Dann beachtet das viele Wasser, das das Kamel in seinem Magen gespeichert hat. Das Wasser steht immer für das Wort Gottes. Erinnert euch an die Begegnung Jesu mit der Frau am Jakobsbrunnen, wo er sagt: Das Wasser, das ich gebe, wird in einem Menschen zur sprudelnden Quelle, dessen Wasser ewiges Leben schenkt (vgl. Joh 4,14). Also in der Adventszeit, auf der letzten Etappe zur Krippe, besonders dem Wort Gottes Aufmerksamkeit schenken!
Schaut wieder auf das Kamel, das so lange Beine hat, dass sein Körper über der Hitzeglocke in der Wüste schwebt. Die Hitze, das ist das Heißlaufen im Advent: die Hektik, allen Ansprüchen zu genügen; alle Feiern hinzukriegen, alle Vorbereitungen zu treffen. Dabei sollte diese Zeit eigentlich eine ruhige, besinnliche Zeit sein, in der wir etwas über allem schweben, was uns kaputt macht. Das Kamel zeigt uns also, wo es langgeht.
Und da ist noch das Fett im Höcker, manchmal sogar in zwei Höckern: die Kraft, das Gute zu tun; die Energie des Körpers umzuwandeln in Freundlichkeit und Hilfsbereitschaft, in Teilen und Freudeschenken.

Habt ihr noch den Stern im Blick? Die Sehnsucht muss bleiben, dass wir ankommen wollen, um uns mit dem Kamel, den Weisen und Hirten tief zu verneigen vor dem, der unser Herz erfüllen und froh machen will.

7. ADVENT buchstabieren
(Advent, bes. 3. Advent, Lesejahr B)

Symbol/Vorbereitung

Für das Sprechspiel die Buchstaben für das Wort ADVENT aufmalen und ausschneiden.

Kurzgeschichte

Einleitung: Wer in dieser Adventszeit einen besonderen »Ruck« im Glauben erleben möchte, muss zuerst etwas wagen.

Wie bei der Rolltreppe

Sie waren auf einem Weihnachtsmarkt und nippten am Glühwein. Einer meinte mit Blick auf den Dom: »Ob Gott wirklich seinen Sohn zu uns Menschen geschickt hat, oder ist das nur eine fromme Erzählung, die Mut machen will?« Sie schwiegen.

»Wer hat schon einen Beweis, der den überzeugen kann, der alles in Frage stellt?«, sagte einer. »Ich will ein Beispiel erzählen, das mir einmal geholfen hat: Du kennst diese besondere Art von Rolltreppen, solche, die nicht ständig laufen, sondern die sich erst in Bewegung setzen, wenn du die Lichtschranke durchbrochen hast. Nun stell dir vor, da steht einer vor der Treppe, der so etwas noch nie mitbekommen hat. Du gehst hin und sagst zu ihm: ›Die bringt Sie nach oben! Nur zu!‹ Derjenige wird dich ungläubig anstaunen und vermuten, du willst ihn auf den Arm nehmen. Aber wenn du mit ihm auf die Rolltreppe trittst, dann – dann wird er wissen, es geht!

So ist das auch mit unserem Glauben: Solange du Beweise erwartest, passiert gar nichts. Erst, wenn du den Fuß auf die Rolltreppe setzt, geht es nach oben.«

QUELLE UNBEKANNT

Lesungen

Lk 3,1–6: Der Rufer in der Wüste;

Joh 1,6–8.19–28: Ebnet den Weg für den Herrn!

Ansprache als Sprechspiel

(L. und 6 Sprecher/innen = 1–6)

L.: »Dem Herrn den Weg bereiten!« Wir werden jetzt einmal das Wort »Advent« buchstabieren, um besser zu verstehen, was gemeint ist! Wenn wir nicht bei Zuckerguss, Geschenkerummel und Weihnachtsmärkten mit Glühwein stehen bleiben wollen, hier unser Angebot:

1.: *(zeigt das A)* **A** – wie **A**nkunft. Advent ist Vorbereitungszeit auf die Ankunft des Gottessohnes. Wir möchten ihm doch begegnen, darum muss es schon in die Tiefe gehen. Also zuerst wach werden, aufmerksam sein, damit er bei uns ankommen kann. *(Buchstaben anheften!)*

L.: Mit der frühen Dunkelheit haben manche ihre Probleme. Auch im Dezember: Es ist dunkel beim Aufstehen und viele kommen erst im Dunkeln nach Hause.

2.: *(zeigt das D)* **D** – also wie **D**unkelheit. Davon ist auch in der Bibel die Rede: Vom Volk, das im Dunkeln lebt. Aber dann ruft der Prophet Jesaja: »Das Volk, das im Dunkeln lebt, sieht ein helles Licht. Über denen, die im Land der Finsternis wohnen, strahlt ein Licht auf!« Licht – nicht ein Zeichen der Gemütlichkeit, sondern der Göttlichkeit.

In mancher Beziehung ist es wirklich dunkel geworden in der Welt: Einsamkeit, Kälte im Umgang miteinander, die Not und das Elend von Flüchtlingen und Obdachlosen, das dünne Eis der finanziellen Absicherung. Da will das Licht Jesu wärmen und befreien, innerlich heller und positiver machen. *(Buchstaben anheften!)*

L.: Es ist schon toll, durch die geschmückten Straßen zu gehen. Obwohl manches übertrieben ist und mit falschen Akzenten versehen: Für die Kinder ist es eine Zeit, die verzaubert.

3.: *(zeigt das V)* **V** – Advent – Zeit zum **V**erzaubern. Sich verzaubern lassen wie ein Kind. Das Kleinkind kann schon beim Schein einer Kerze mit offenem Mund staunen. Verzaubern will uns Gott durch das Kind in der Krippe: Ein kleines, wehrloses Wesen kann uns Menschen verzaubern, das göttliche Kind will uns in die Erlösung tragen. *(Buchstaben anheften!)*

L.: Wir erwarten etwas vom Advent. Es gibt nervige Wartezeiten, wenn zum Beispiel die Fernseh-Werbepause scheinbar kein Ende nimmt oder die musikalische Warteschleife dem Anrufer oder der Anruferin zu verstehen gibt: Bitte warten Sie! Bitte warten Sie!

4.: *(zeigt das E)* **E** – wie **E**rwarten. Natürlich warten wir auf Weihnachten und auch auf Geschenke. Aber die Erwartungszeit des Advents will unseren Blick darauf lenken, dass uns ein neuer Himmel und eine neue Erde versprochen ist. Und wir dürfen jetzt schon mit daran arbeiten. *(Buchstaben anheften!)*

L.: Früher war der Advent vor allem eine Zeit der Buße und des Fastens – wie die Fastenzeit. Und noch früher dauerte die Adventszeit sogar sechs Wochen. Allerdings sollte am 11.11. wie an Karneval noch einmal richtig ausgelassen gefeiert werden, damit die lange Durststrecke auch auszuhalten war.

5.: *(zeigt das N)* Heute steht das **N** wohl für **N**aschen: Fast jeden Tag Weihnachtsgebäck, Süßigkeiten und Glühwein zum Aufwärmen des Gemütes. Doch selbst im Spekulatius liegt noch eine Botschaft: Er spiegelte ursprünglich die Heiligen wie Nikolaus, die uns ans Teilen erinnern. Oder in die Printen wurden Bilder eingeprägt, die uns auf fromme Gedanken bringen sollten. Oder das Lebkuchenherz sollte die Botschaft essbar machen: »Gott hat ein Herz für die Menschen. Jesus ist dieses Herz!« *(Buchstaben anheften!)*

L.: Ja, leider sind die ursprünglichen Hinweise vermarktet oder mit Zuckerguss unkenntlich gemacht. Wir haben noch einen Buchstaben, der uns mahnt: Achtet in dieser kalten Jahreszeit darauf, die Türen besonders offen zu halten.

6.: *(zeigt das T)* **T** – wie **T**ür. Lasst die Kälte draußen! Öffnet vielmehr die Tür des Herzens. »Macht hoch die Tür« singen wir, »es kommt der Herr der Herrlichkeit!« Es ist schlimm, vor verschlossenen Türen zu stehen: Vor tauben Ohren, einem unerbittlichen Nein. Auch abgebrochene Kontakte mit Sätzen wie »Mit dem bin ich fertig!« … Nein, öffnet die Herzen! Dann tut ihr zuletzt euch selbst etwas Gutes. *(Buchstaben anheften!)*

L.: Zum Schluss zähle ich die Buchstaben noch einmal auf. Ihr sucht euch einen Gedanken aus und bedenkt ihn in der anschließenden Stille.

Werde wach für das **A** = die Ankunft des Gottessohnes. *(Stille)*

Sieh in deiner **D** = Dunkelheit das Licht Gottes, das dich innerlich freier machen will. *(Stille)*

Lass dich **V** = Verzaubern von jedem Kind, vor allem vom göttlichen. *(Stille)*

E = Erwarte mehr, als Geschenke geben können. Ahne, was Gott mit dir vorhat im neuen Himmel und einer neuen Erde. *(Stille)*

N = Nasche die Botschaft des Spekulatius, der Printen und der Lebkuchenherzen. *(Stille)*

Und **T** = die Tür öffne, die Herzenstür, besonders für alle, die vor verschlossenen Türen stehen.

STARK GEÄNDERT VOM FAMILIENMESSKREIS ST. LAMBERTUS, ERFTSTADT, NACH »IMPULSE« NR. 72, 4. QUARTAL

8. Vom Apfel zur Weihnachtskugel
(Weihnachten)

Symbol/Vorbereitung

Ein kleiner pausbäckiger Apfel und ein Tannenzweig, an dem eine goldene Christbaumkugel hängt.

Lesungen

Tit 2,11–14: Die Gnade Gottes ist erschienen, um alle Menschen zu retten; Lk 2,1–14: Der Retter ist geboren.

Ansprache

Kaum war der letzte Besucher aus dem Stall gegangen – so erzählt eine Legende –, erschien auf der Schwelle eine uralte Frau in einem Lumpengewand. Maria zuckte zusammen, konnte sie doch annehmen, die Frau gleiche einer bösen Fee, die ihrem Kind nur Unglück bringt. Die uralte Frau ging bis vor die Krippe und verneigte sich ganz tief. Da schlug das Jesuskind die Augen auf. Maria war erstaunt, denn die Augen der Frau und die des Kindes ähnelten einander – leuchteten aus derselben Hoffnung.

Die Frau zog aus den Lumpen einen Gegenstand, den sie dem Kind auf die Hand legte. Was war das für ein Geschenk – nach all den Geschenken der Hirten und der Magier?

Dann richtete sich die uralte Frau auf, wie von einer schweren Last befreit: Die Schultern waren nicht mehr gekrümmt; jetzt berührte ihr Kopf fast das Gebälk des Stalles, und ihr Gesicht leuchtete fast jugendlich. So schritt sie hinaus in die Nacht.

Jetzt erst konnte Maria das geheimnisvolle Geschenk erkennen *(L. zeigt den Apfel)*:

Es war ein kleiner Apfel; der Apfel der ersten Sünde, die Frucht des Baumes der Erkenntnis von Gut und Böse im Paradies. In der Bibel steht zwar nichts von einem Apfel, doch die Künstler haben immer diese Frucht gemalt, weil sie so verführerisch leuchtet. Sie gilt als Symbol für Schuld und Sünde, weil sich in ihr der Mensch über den Willen und das

Gebot Gottes hinwegsetzte – das bringt immer Leid, Verirrung und Tod: Verlust des Paradieses.

Nun aber leuchtete der Apfel in der Hand des Jesuskindes wie eine kleine Weltkugel in neuem Glanz. (nach Jérôme und Jean Tharand, Frankreich)

Diese Legende will zeigen, warum die Menschen Äpfel unter den Weihnachtsbaum gelegt haben: Zeichen der neuen Hoffnung, dass die Tore des Paradieses wieder geöffnet sind. Schließlich hängte man die Äpfel als Symbol auch in den Weihnachtsbaum. Doch weil sie zu schwer sind, ersetzte man sie durch kleine Holzäpfel. Die wurden schließlich mit Silber- oder Goldfolien umwickelt, um den Glanz des neuen Anfangs zu bekunden. Und daraus entstanden schließlich *(L. zeigt den Zweig mit der goldenen Weihnachtskugel)* diese Christbaumkugeln.

Die Kugel kommt symbolisch Gott am nächsten: Da gibt es nicht vorn und hinten, weder rechts noch links, keinen Anfang und kein Ende. So wie Gott unendlich und ewig ist: ohne Anfang und Ende.

Wie widersinnig und schlimm ist es daher, unter dem Weihnachtsbaum Kriegsspiele zu verschenken! Denn aus den Läufen der Pistolen und Gewehre werden ja wieder todbringende Kugeln abgefeuert – auch wenn sie nur spielerisch Tod und Verderben bringen.

Und das Gold der Kugel erinnert an das himmlische Jerusalem, die Stadt der Zukunft, in der die Straßen aus purem Gold sind. Darum zeigen die mittelalterlichen Malereien oft einen goldenen Hintergrund, um an unsere goldene Zukunft zu erinnern.

Liebe Christen, jung und alt! Erst wenn wir uns wieder – wie die Urmutter des Lebens in der gehörten Geschichte, wie Eva – vor dem Kind in der Krippe verneigen, werden wir uns in unserem Leben wieder richtig freuen können. Und erst wenn wir Christen vor diesem Kind wieder anbetend und dankbar in die Knie gehen, weil uns ein neuer Anfang geschenkt ist, erst dann wird die Weihnachtsfreude unser Herz erfüllen.

9. Um die Mitte kreisen
(Weihnachten / Erscheinung des Herrn)

Vorbereitung/Symbol
Leihen Sie sich eine Weihnachtspyramide aus!

Lesungen
Mt 2,1–12: Die Huldigung der Sterndeuter;
Lk 2,1–14: Heute ist euch der Retter geboren.

Ansprache
(P. entzündet die Kerzen an der Weihnachtspyramide:) Nun drehen sich Maria und Josef, Hirten, Weise und Engel um die »Mitte«, um das Kind in der Krippe.

(P. hält sein Ohr in Richtung der dargestellten Personen:) Ihr hättet gerade den Hirten hören sollen, als ich mit dem Licht näher kam. »Gleich geht's wieder los«, schimpfte er, »jeden Tag dieses eintönige Karussell, ein Leben lang. Kaum ist man aufgestanden, beginnt das endlose Einlösen von Pflichten. Abends ist man kaputt, und der Schlaf dient nur dazu, am nächsten Morgen für die gleiche Mühle wieder fit zu sein. Schon die Kinder werden im Elternhaus und in der Schule dahingehend beeinflusst, diesen mörderischen Trott, dieses ständige Rotieren durchzuhalten. Nur von Urlaub zu Urlaub lebe ich; auf Weihnachtsgeschenke kann ich gerne verzichten – hab doch alles! Das geht so vierzig Jahre lang – wenn man Glück hat. Und dann trägt man die Hälfte des verdienten Geldes zum Arzt, weil der Körper ruiniert ist. Was soll das Ganze eigentlich?«

(P. hört wieder hin.) Habt ihr gehört? Der erste König hat ihm eine Antwort gegeben: »Ich sehe das anders, lieber Hirte! Wir haben unsere Mitte gefunden, den Dreh- und Angelpunkt unseres Lebens. In Jesus haben wir die Menschenfreundlichkeit Gottes erkannt. Gott schenkt uns seinen Sohn an die Seite. Er lässt sich auf uns ein, die wir so oft unsere Freiheit missbrauchen. Jetzt wissen wir, woher wir kommen und wohin wir gehen. Darum ist unser ganzes Leben kein sinnloses Rotieren

mehr: Wir drehen uns um die Mitte – bis wir in diese Mitte einmal eintauchen dürfen. Wir sind Wanderer zur wirklichen Heimat.«

(P. hört wieder hin) Und was sagte der König noch?: »Wisst ihr, Glauben heißt zuerst hören und dann angehören, d.h. sich fest an Gott als Mitte binden und ihm vertrauen.« – Darum höre ich weiter … *(Stille)*

Der zweite König hat sich auch gerade an den Hirten gewandt. »Ja«, sagte er zu ihm, »Gott hat uns durch seinen Stern in Bewegung gebracht. Wir lebten im Wohlstand und dachten, Reichtum sei alles. Nun erkennen wir, mit wie wenig wir auskommen. Es kommt nicht auf die tausend Dinge außen an, die halten uns nur auf: Das Entscheidende hängt vom Inneren ab. Ja, je mehr einer ›außen‹ braucht, umso weniger ist ›innen‹! Dieses Kind hat uns jetzt in Schwung gebracht. Ihm folgen wir. – Wir verzweifelten bereits mit dem Blick auf das Elend in der Welt; jetzt schauen wir auf dieses Kind, und das gibt uns immer neuen Schwung, etwas gegen das Elend zu unternehmen.«

(P. hört wieder hin) – (Stille) Auch der dritte König hat dem Hirten etwas zu sagen! Er meint: »Schau mal, Hirte, es braucht nur wenig, was uns in Bewegung setzt, was uns aus dem Alltagstrott heraus antreibt: ein wenig Licht – Orientierung – und ein wenig Wärme. Dann können die großen Flügel über uns die schönsten Lichtspiele an die Zimmerdecke werfen. Nur ein wenig Orientierung und ein wenig Wärme – und alles ist anders.«

(P. hört noch einmal) – (Stille) Der Hirte sagt nichts mehr. Vielleicht hat er sich tatsächlich anstecken und begeistern lassen von dem Schwung der drei Könige. Das wäre auch toll für uns alle: Uns begeistern lassen für den Dreh- und Angelpunkt des Lebens, den menschgewordenen Sohn Gottes, damit wir wieder neuen Schwung erfahren. Der Blick auf ihn und ein wenig mehr Wärme genügen!

GEÄNDERT NACH WOLFGANG RAIBLE

10. Vom christlichen Kleid

(Fest der Heiligen Familie / Familiensonntag / Christsein leben)

Symbol/Vorbereitung

Genügend Wollfäden in Blau, Grün, Gelb und ein rotes Band.

Lesung

Kol 3,12–21 (hier: 12–15): Bekleidet euch mit …

Ansprache

Die Bibel empfiehlt uns ein Kleid, das aus folgenden Wollfäden geschneidert werden soll:

1. Hier der *blaue* Wollfaden, der *Demut* heißt. Ja, Hochmut kennen wir noch, Demut aber meint: Ich sehe meine Grenzen; ich kann nicht alles; ich bin nicht der Größte; ich bin nur Geschöpf – nackt auf die Welt gekommen. Ich bin also nicht Gott. Ich stehe zu meiner eigenen Größe, ohne deshalb andere kleinzumachen – im Gegenteil, ich habe den Mut, ihnen dienstbar zu sein.
2. Hier *Geduld*sfäden für das christliche Kleid. Davon habe ich ganz viele mitgebracht: in *Grün* – wie ja auch der Sämann warten muss, dass es sprießt und grünt. Geduld brauchen wir alle: Der Lehrer/die Lehrerin mit den Schülern, die Schülerinnen und Schüler mit dem Lehrer/der Lehrerin. Und erst mal die Eltern – auch jeder mit sich selbst. Die Schüler können den grünen Faden als Lesezeichen in ihr Schulbuch legen, um sich zu erinnern, vor allem, wenn der Geduldsfaden zu reißen droht! »Herr, gib mir Geduld«, heißt ein bekanntes Stoßgebet, »aber ein bisschen plötzlich!« – Geduld ist heutzutage Mangelware.
3. Hier habe ich *gelbe* Fäden, die *Güte* bedeuten. So wie die Sonne gütig mit uns ist, denn sonst wären wir schon alle erfroren. Wir hörten in der Lesung noch von anderen Eigenschaften, die auch gut zur sonnigen Farbe Gelb passen: *Milde, Vergebung, Erbarmen.* Diese Eigenschaften bauen auf, geben Selbstvertrauen und lassen nach

vorne schauen. Sie haben Charme, machen warm und kommen nie aus der Mode.

4. Über dieses wunderbare Kleid, das vor allem an kalten Tagen warm hält, lege ich noch dieses *rote* Band. Die Bibel sagt: »Vor allem bekleidet euch mit der *Liebe,* die das Band der Vollkommenheit ist!« (Kol 3,14) Wer eine Liebe, die alles erträgt, über alles anzieht, dem kommen Dank und Freundlichkeit entgegen. So ist das mit der Liebe! Vor allem mit der Liebe Gottes, die niemanden und nichts aufgibt.

Ein solches Kleid aus dem christlichen Kleiderschrank, das wäre doch etwas für jeden Christen.
(Nehmt zur Erinnerung nachher einen Wollfaden in der gewünschten Farbe mit, um euch zu erinnern!)

NACH LUDWIG BURGDÖRFER

11. Ein neuer Jahresring
(Jahreswende / Neujahr)

Symbol/Vorbereitung

Eine große Baumscheibe für L.
Eine Baumscheibe aus Karton, die in sieben Kreise zerlegt und nach den Regenbogenfarben ausgemalt ist. Die einzelnen Ringe werden im Sprechspiel auf einen blauen (= in der Gegenwart Gottes leben) Untergrund gut sichtbar aufgelegt oder aufgesteckt (Flanell o.Ä.).

Hinführung

(L. zeigt die Baumscheibe) Wir sind dabei, einen neuen Jahresring der Geschichte dieser Gemeinde und auch unserem Leben hinzuzufügen. Das möchten wir nicht ohne Hilfe von oben wagen.

Lesungen

Num 6,22–27: Der Herr segne dich und behüte dich;
Lk 2,16–21: Sie fanden das Kind.

Sprechspiel

L. *(zeigt wieder die Baumscheibe):* Den neuen Jahresring – auch mit Blick auf den alten – zeigen jetzt Kinder und Jugendliche. Sie haben die Baumscheibe dazu in sieben Ringe geschnitten und in Regenbogenfarben ausgemalt. Sie möchten uns Wesentliches sagen:

1. *(kommt mit dem größten, dem roten Ring)*: Ich bringe den äußersten Ring. Rot ist die Farbe der Liebe. Möge all unser Bemühen von der Liebe getragen sein.
   (Anzahl) Brautleute haben sich letztes Jahr die Liebe versprochen. – Wir bitten dich: Lass in unseren Familien, Schulen und Betrieben liebevolle Beziehungen wachsen. *(heftet oder legt den Ring auf)*
2. *(mit dem orangen Ring):* Die größte Liebe ist das Verzeihen nach einem Streit. Wenn die Sonne untergeht, sollten eigentlich, um im Bild zu bleiben, die Hände immer wieder zueinander finden. – Wir danken Gott für alles, was er uns immer wieder verzeiht. *(heftet oder legt den Ring auf)*
3. *(mit dem gelben Ring)*: Gelb steht für die Sonne und das Licht, ohne die es kein Leben gibt. – Wir danken Gott für die Freude im alten Jahr. Und dafür, dass wir *(Anzahl)* Kinder taufen durften – für das neue Leben in dir. *(Ring aufheften)*
4. *(mit dem grünen Ring):* Grün ist die Farbe der Hoffnung. Wir wünschen uns eine unerschütterliche Hoffnung, gerechtes Wachstum und dass das Wunder der Schöpfung auch für das kommende Jahr erhalten bleibt. *(Ring aufheften)*
5. *(mit einem hellblauen Ring):* Ein blauer Himmel kann unseren Blick heben. Wir wünschen uns den positiven Blick für alle, die unser Land und unser Miteinander beleben und fördern und für mehr Gerechtigkeit sorgen. Dann haben wir alle etwas zu lachen. *(Ring aufheften)*
6. *(mit einem dunkelblauen Ring):* Das Dunkelblau erinnert an unseren Glauben und die Treue zu Gott. Das Vertrauen auf Gott kann ungeahnte Kräfte freimachen und lässt uns auch die nicht übersehen, die im Schatten stehen. *(Ring aufheften)*

7. *(mit einem violetten Ring):* Das Violett steht für Leid und Versagen. Wir bitten für die Kranken und Verstorbenen. *(Anzahl)* Menschen aus unserer Gemeinde haben wir zu Grabe getragen. Wir danken dafür, dass alles Leiden und auch unsere Schuld bei Gott eine Wendung erfahren kann. *(Ring aufheften)*

L. Wir sehen, wie die sieben Regenbogenfarben der Baumscheibe vom Blau umgeben sind. Das will sagen: Wir dürfen in der Gegenwart Gottes leben und können deshalb anders leben. Manchmal wird Jesus auf einem Regenbogen sitzend dargestellt: Er hat den Bund mit Gott erneuert. Er hat wieder den Himmel mit der Erde verbunden. Wir wollen auch im neuen Jahr die Hand des Kindes in der Krippe nicht loslassen. Dann kann der neue Jahresring aus Glaube, Hoffnung und Liebe wachsen.

AUF DIE IDEE BRACHTE MICH EIN ÄHNLICHER GOTTESDIENST IN KGG (= KINDERGOTTESDIENST-GEMEINDE) IN A-4040 LINZ, HEFT NR. 62

12. Das Licht an die Welt weitergeben
(2. Sonntag nach Weihnachten)

Symbol/Vorbereitung

Eine große Kerze; evtl. für jedes Kind ein Teelicht; ein auseinandergenommenes Teelicht = Docht und Wachs.
Für die Fürbitten: dickeres Papier, darauf ein Teelicht kleben.

Hinführung

Wir feiern an Weihnachten das Licht, das in die Welt kam. Aber wir dürfen es nicht für uns selbst behalten.

Kurzgeschichte

In einem Winkel der Welt kauerte verbissen, trotzig und freudlos eine dicke, schauerliche Finsternis. Plötzlich erschien in dieser Not ein kleines Licht, klein, aber ein Licht. Jemand hatte es hingestellt. Es war ganz einfach da und leuchtete. Einer, der vorüberging, meinte: »Du ständest besser woanders als in diesem abgelegenen Winkel.« »Warum?«, fragte das Licht. »Ich leuchte, weil ich Licht bin, und weil ich leuchte, bin ich Licht. Ich leuchte nicht, um gesehen zu werden, nein, ich leuchte, weil es mir Freude macht, Licht zu sein.« Aber die große, düstere Finsternis ging zähneknirschend und wütend gegen das Licht an. Und doch war sie machtlos gegen dieses winzige Licht. (nach Heinrich Lhotzky)

Lesungen

Eph 1,3–6.15–18 (hier: 17–18): Gott erleuchte unsere Herzen;
Joh 1,1–5.9–14: Das Licht kam in die Welt.

Ansprache mit Sprechspiel »Jeder kann Licht sein für andere«

Diese Kerze möchte ich jetzt an einer Altarkerze zum Leuchten bringen. Es ist immer wieder eindrucksvoll, so eine makellose Kerze zu entzünden. Wie kalt dagegen ist das künstliche Licht aus Neonröhren. Wer nur etwas von diesem Licht verstanden hat, gegen das alle Finsternis der Welt nichts ausrichten kann (vgl. Kurzgeschichte), der möchte davon auch weitergeben an alle, in denen es noch dunkel ist. Jeder von uns ist berufen, etwas vom Licht aus der Fülle Gottes, das uns in Jesus aufgeleuchtet ist, weiterzugeben. Das ist manches Mal gar nicht so einfach:

E. = Erzähler, W. = Wachs, B. = Baumwollfaden

E.: Einmal saßen ein kurzer Baumwollfaden *(zeigen)* und ein Klümpchen Wachs *(zeigen)* nebeneinander auf einer Bank.

B.: Ach, es ist alles so traurig. *(seufzt)*

W.: Was ist mit dir los, kleiner Baumwollfaden? Warum seufzt du so?

B.: Ach, ich habe Angst, denn ich bin viel zu kurz geraten, und keiner kann mich gebrauchen.

W.: Aber du brauchst doch keine Angst zu haben.

B.: Sieh doch, für ein Schiffstau bin ich viel zu schwach, für einen Pullover viel zu kurz und selbst um einen Knopf anzunähen, reicht es nicht.

W.: Ist das ein Grund, den Kopf hängen zu lassen?

B.: Ich habe Hemmungen, mich an andere anzuknüpfen.

W.: Wie meinst du das?

B.: Nun, für eine Stickerei bin ich zu blass und zu farblos; wenn ich leuchten würde und aus Seide bestünde, ja, dann könnte ich ein Abendkleid verzieren. Aber so?

W.: Wie kommst du nur darauf? Du siehst doch ganz edel aus.

B.: Ach lass nur, ich bin eben zu nichts nütze – ein Versager, ein »Loser«. Niemand kann mich gebrauchen, niemand mag mich. Und ich selbst mag mich am wenigsten.

W.: Lass dich nicht hängen, kleiner Baumwollfaden! Jeder ist für irgendetwas nütze. Man muss nur erkennen, wo man sich einbringen kann.

B.: Meinst du wirklich, ich bin für etwas zu gebrauchen?

W.: Ja, ganz sicher, ich habe da auch schon eine Idee: Was hältst du davon, wenn wir beide uns zusammentun?

B.: Wir beide sollen uns zusammentun? Wie soll denn das funktionieren?

W.: Tja, *(schaut den Docht prüfend an)* ich denke da an eine – Kerze; du könntest der Docht dazu sein. Hm, für eine Osterkerze bist du natürlich zu kurz, und ich habe dafür auch nicht genug Wachs.

B.: Siehst du, ich bin eben für nichts zu gebrauchen. *(seufzt)*

W.: Nun warte doch erst einmal ab. Ich denke, für ein Teelicht reicht es mit uns beiden allemal. *(Teelicht zeigen!)* Wir beide werden eben zu einer kleinen Kerze.

B.: Ein Teelicht, eine Kerze?

W.: Eine Kerze, die wärmt und die Welt ein wenig heller macht. Eine Kerze kann Licht und Trost ins Dunkel der Menschen bringen.

B.: Glaubst du, man sieht uns und wir werden gebraucht?

W.: Ist es nicht besser, wenigstens ein kleines Licht anzuzünden, als immer über die Dunkelheit und die Trostlosigkeit zu schimpfen?

B.: Ich denke, du hast recht. Dann bin ich also doch zu etwas nütze! *(freut sich)*

W.: Und die ganze Finsternis der Welt ist nicht imstande, unser kleines Licht zu löschen.

E.: Der kleine Baumwollfaden war sehr glücklich und freute sich.

Wer weiß, vielleicht gibt es auf der Welt noch mehr Baumwollfäden, die sich mit einem Klümpchen Wachs zusammentun. Gott gibt uns den Mut und die Hoffnung dazu, denn er sagt: Ihr seid das Licht der Welt!

NACH H.J. COENEN

Damit wir das auch hier sichtbar machen, darf ich alle Kinder nach vorne bitten: Ihr bekommt ein kleines Teelicht – zusammengesetzt aus einem Klümpchen Wachs und einem unscheinbaren Docht. Ihr entzündet es mit Hilfe eurer Eltern (der Ministranten o.Ä.) an den Altarkerzen oder dieser meiner Kerze und zieht dann in einer kleinen Prozession durch die Kirche: Dabei singen wir:
»Tragt in die Welt nun ein Licht!« (z.B. in: »Dir sing ich mein Lied«, Schwabenverlag, Ostfildern, 6. Aufl. 2017, Nr. 140) und den Kanon: »Mache dich auf und werde licht« (GL 219) oder ein anderes passendes Lied.
(Jetzt ziehen die Kinder getrennt durch die Seitengänge nach hinten, um dann zusammen durch die Mitte nach vorne zu ziehen; vor ihnen gehen jeweils Ministranten mit brennenden Lichtern, die auch das langsame Schreiten bestimmen. Wieder im Altarraum angekommen, sprechen einige Kinder die Fürbitten. Am Ende stellen die Kinder die brennenden Teelichter neben die große brennende Kerze aus der Ansprache oder vor den Altar.)

FAMILIENMESSKREIS ST. LAMBERTUS, ERFTSTADT-BLIESHEIM

13. Vom Stern, der immer heller wurde (Weihnachten / Erscheinung des Herrn)

Symbol/Vorbereitung

Ein großer Stern, vielleicht sogar dreidimensional, und von innen beleuchtet.

Lesungen

Mt 2,1–12 (kurz: 9–12): Huldigung der Sterndeuter
oder einen der unten genannten Texte.

Ansprache

(L. zeigt den Stern, noch nicht von innen beleuchtet:) Wenn ihr gut zuhören könnt, werdet ihr diesen Stern verstehen. *(Stille)*

Stern: Ja, Hallo! Ich stehe schon lange am Himmel. Zuerst ganz hinten – sozusagen in der letzten Reihe. Aber eines Tages flüsterte mir ein Engel ins Ohr: »Hab Geduld, kleiner Stern, deine Zeit kommt noch. Es wartet Großes, ja Wunderbares auf dich!« Naja, dachte ich, so etwas ist schnell versprochen. Ich und etwas Großes? Wo ich da hinten aufpassen muss, dass ich nicht runterfalle – wie schon viele Sterne vor mir, die als Sternschnuppe abgestürzt sind. Aber ich war gespannt und habe genau aufgepasst:

1. Eines Tages stand da ein alter Mann in der Wüste. Der hieß *Abraham*. Er schaute zum Himmel empor und hörte eine Stimme: »So zahlreich sollen einmal deine Nachkommen sein!« Aber Abraham ging traurig ins Zelt zurück. Wollte sich da jemand über ihn lustig machen? Er war doch schon alt. Und seine Frau Sara ebenfalls.
2. Aber das Wunder geschah. Sie gebar den Isaak. Und der bekam zwei Söhne, einer hieß Jakob. Und Jakob, das wisst ihr vielleicht, bekam dann zwölf Söhne, die später nach Ägypten auswanderten. Dieser *Jakob* hörte auch wieder eine Stimme. Das Stimmen-Hören lag wohl schon in den Genen! Die Stimme rief: »Ein Stern wird aufgehen über dem Haus Jakob!« Ob es sonst jemand gehört hat?
   Dann geschah lange nichts mehr. Ich vergaß so langsam, was der Engel mir ins Ohr geflüstert hatte.
3. Doch dann kam eines Tages der Prophet *Bileam*. Wisst ihr, ein Prophet hört wie die Dichter die Flöhe husten. Bileam hatte die Gabe, in die Zukunft sehen zu können. Er stieg auf einen Berg und sagte: »Ich sehe einen Stern, der geht im Hause Jakob auf!« (vgl. Num 24,17). Er verkündete einen Gott, der seine Schöpfung niemals vergessen wird. Vor allem nicht die Kleinen.
4. Dann kam eines Tages noch ein Prophet, der hieß *Jesaja*. Der drückte seine Botschaft so aus: »Das Volk, das in der Finsternis ging, sieht ein helles Licht. Über denen, die im Land des Todesschattens wohnen, strahlt ein Licht auf!« (vgl. Jes 9,1).

5. Jetzt war ich aber richtig gespannt. Und eines Tages war es soweit: Ein mächtiger Engel kam auf mich zu, schob mich in die erste Reihe und sagte: »So, du wirst jetzt allen auf der Erde verkünden, dass der Himmel die Erde berührt: Denn Gottes Sohn wird als Mensch geboren. Er wird zum lebendigen Stern aus Fleisch und Blut. Der wird alles überstrahlen. Und du zeigst allen den Weg!«
6. Was für eine tolle Aufgabe. Ich leuchtete plötzlich *(L. lässt den Stern erleuchten)* so hell ich konnte, ja mit all meiner Kraft. Seht ihr! – Aber eure Neonsterne und Goldpapiersterne sind auch nicht zu unterschätzen. Manche Menschen lassen sich von ihnen blenden – bis heute.
7. Doch *Sterndeuter* aus dem Osten hatten mich entdeckt. Sie ließen alles stehen und liegen und folgten meiner Spur. Auch die Ärmsten, die *Hirten,* hatten noch einen Blick für die Sterne. Sie verstanden, dass sich etwas Wunderbares ereignet hatte.
   Doch ich musste das richtige Haus finden. Das war gar nicht leicht! Ich glühte vor Not und Eile! Ob es in Betlehem das schönste Haus war oder das größte? Nein! Das ärmste! Ehrlich: eigentlich nur ein Stall. Und darüber leuchtete ich dann mit all meiner Kraft.
   Obwohl ich unendlich weit entfernt war, hörte ich plötzlich, wie das Kind in der Krippe zu mir sprach. Es sagte: »Danke, lieber Stern, dass du die Menschen zu mir führst. Aber deine Aufgabe ist noch nicht zu Ende. Leuchte weiter in die Herzen der Menschen, damit es dort hell und warm wird und sich alle auf den Weg zu mir machen.«
   Und deshalb: Leg mich bitte vor die Krippe – oder heute: auf den Altar –, damit alle mein Licht verstehen.

GEÄNDERT UND ERWEITERT NACH SUSANNE HERZOG, IN: DIES. (HG.), STERNE, LICHT UND GRÜNE ZWEIGE, SCHWABENVERLAG AG, OSTFILDERN

14. Als Sternsinger unterwegs
(Erscheinung des Herrn)

Symbol/Vorbereitung
Sternsinger/innen zeigen die einzelnen Gegenstände:
Fernrohr, Stern, Schuh, Krone, Kugel, Weihrauchfass, Myrre, Türgriff, Schatzkiste (s.u.).

Lesung
Mt 2,1–12: Huldigung der Sterndeuter.

Sprechspiel

L.: Einige Sternsingerinnen und Sternsinger zeigen uns Symbole, die uns die Augen für ihren Weg an den Häusern vorbei öffnen können, aber auch für unser Leben. – Die (der) Erste schaut suchend durch ein *Fernrohr.*

1.: *(schaut erst durch ein Fernrohr, dann)* Die Weisen aus dem Morgenland hielten Ausschau. Sie waren wach. Sie erwarteten etwas voller Sehnsucht. Sie schauten dabei über den Horizont dieser Welt hinaus. – So können auch wir in Bewegung kommen: Wenn unser Herz voller Sehnsucht noch mehr erwartet als die tausend schönen Dinge dieser Welt.

L.: Nur wer sucht, nur wer Sehnsucht im Herzen trägt, kann auch finden. – Der/die Nächste zeigt uns seinen/ihren *Stern.*

2.: *(zeigt den Stern der Gruppe)* Der Stern zeigte den Heiligen Drei Königen den Weg zum Stall. Gott schickt uns immer wieder ein Licht, das auch in der Dunkelheit leuchtet – bis alle Menschen vereint um die Krippe stehen: Arm und Reich; Jung und Alt; Einheimische und Fremde.

L.: Das wäre schön, wenn alle Menschen wieder zu ihrem Ursprung fänden! – Ein Paar *Schuhe* wird uns gezeigt.

3.: *(zeigt ein Paar Schuhe)* Manchmal muss man – bildlich gesprochen – die Schuhsohlen durchlaufen, um Gott zu begegnen. Heute sind wir bereit, weite Strecken zu gehen. So können die Menschen durch uns

Jesus begegnen. Er kann einen Frieden schenken, der die Herzen zufrieden macht.

L.: Liebe Sternsingerinnen und Sternsinger! Heute nie vergessen: Ihr tragt den Frieden des göttlichen Kindes in die Häuser! In euch können Menschen Gott begegnen. – Jetzt denken wir über die *Krone* nach.

4.: *(nimmt seine/ihre Krone ab)* Ich darf zwar einen König darstellen, aber ich lege jetzt meine Krone vor dem wirklichen König in der Krippe ab. Damit will ich sagen: Jesus, ich bin dein Gesandter und stelle mich in deinen Dienst. Ich möchte nicht nur heute für dich leben. *(legt die Krone vor der Krippe ab – zum Auszug wieder holen)*

L.: Wer dem Kind in der Krippe von Herzen begegnen will, muss Demut mitbringen, d.h. den Mut zum Dienen. – Eine *Kugel aus Gold* wird uns gezeigt.

5.: *(mit einer großen Kugel aus Goldpapier)* Gold funkelt jedem in die Augen. Viele Menschen suchen nur den äußeren Reichtum. Der König in der Krippe möchte uns aber Gaben schenken, die mit Gold nicht zu bezahlen sind: unsichtbare Gaben, die Herz und Seele erfüllen.

L.: Gold in der Hand ist ein beruhigender Anfang. Aber dann muss der Weg nach innen beginnen. –
Was bedeutet das *Weihrauchfass* in der Hand des Königs?

6.: *(schwenkt ein Weihrauchfass)* Mein Weihrauch will in Jesus den Gottessohn ehren. – Aber wir dürfen ihn nicht in den Himmel verbannen, sonst wird unsere Erde immer gottloser. Jesus wurde doch zum Bruder an unserer Seite! Er ist mitten unter uns und ganz für uns da.

L.: »Wie Weihrauch steige unser Gebet zu Gott empor«, heißt es in der Bibel. Aber dann muss die Tat nach rechts und links folgen, sonst vernebelt der Rauch nur unsere Sinne. – Das *Myrrhegefäß* wird uns gezeigt.

7.: *(zeigt ein Myrrhegefäß)* Meine Myrrhe in diesem Gefäß ist ein wohlriechender Saft, mit dem früher Tote einbalsamiert wurden. Jesus, der Gottessohn, wurde ganz Mensch. Der Tod blieb ihm deshalb nicht erspart. – Aber weil Jesus auferstanden ist, kann er alle Menschen aus dem Tode holen.

L.: Ja, Jesus – die Brücke über den letzten Abgrund! – Wir sehen einen *Türgriff.*

8.: *(zeigt einen Türgriff)* Manche Türen bleiben uns heute verschlossen. Aber an vielen Türen werden wir erwartet. – Wo Menschen die Türen des Herzens öffnen, können wir den Segen Gottes austeilen.

L.: Gott hat in uns und anderen nur eine Chance, wenn wir unsere Herzenstüren öffnen. Er zwingt uns nicht dazu! – Der letzte Gegenstand ist eine *Schatzkiste.*

9.: *(zeigt eine »Schatzkiste« für das Geld, das gesammelt wird)* Hoffentlich legen auf unserem Weg viele Menschen Geld in diese Schatzkiste. Wir sammeln es ja nicht für uns. Denn wer nur für sich reich werden will, bleibt letztlich arm.
Was wir heute tun, kann uns den Schatz im Acker des Lebens finden lassen: Wir werden reich, wenn wir andere glücklich machen.

L.: Ein wichtiges Geheimnis unseres Lebens: Indem ich gebe, werde ich beschenkt. – Danke für die schönen Gedanken, die auch uns den Weg zur Krippe zeigen – und in ein erfülltes Leben.

15. Von der christlichen Erfolgsleiter
(Taufe des Herrn)

Symbol/Vorbereitung

Eine normale Haushaltsleiter steht vor dem Altar.

Hinweis

Das Symbol der Leiter sowie viele Gedanken dieser Ansprache lassen sich auch auf das Fest »Christi Himmelfahrt« beziehen.

Hinführung

Wir feiern die Taufe des Herrn. Für mich zunächst immer wieder ein Rätsel: Warum lässt Jesus sich von Johannes taufen? Das Umgekehrte wäre doch logischer gewesen! Ob es eine Erklärung gibt?

Lesungen
Jes 42,5a.1–4.6–7: Er wird das geknickte Rohr nicht zerbrechen;
Mt 3,13–17 / Mk 1,7–11 / Lk 3,15–16.21–22: Die Taufe Jesu.

Ansprache
Vor dem Altar steht eine Haushaltsleiter, die ich jetzt erklettern möchte. Auf den ersten Blick erscheint das ungewöhnlich, aber auf manchen mittelalterlichen Krippendarstellungen befindet sich im Hintergrund des Stalles eine Leiter.
Heute ist Jesus Christus tief in den Jordan hinabgestiegen und ließ sich taufen. Später, bei den Bildern von der Kreuzigung, sehen wir die Leiter wieder bei der Abnahme des Leibes Jesu vom Kreuz. Diese Vorgänge möchte ich einmal symbolisch mit dieser Leiter einfangen.
Zunächst steige ich jetzt Stufe um Stufe höher. Wer möchte nicht gerne im Leben die Stufen einer Erfolgsleiter erklettern, Supermodel, Superstar, erfolgreicher Manager oder erfolgreiche Managerin werden, und dabei möglichst noch Stufen überspringen? Nur Sieger zählen heute. Je höher ich aber steige, umso gefährlicher wird es und umso einsamer fühle ich mich. Das gilt auch für die Karriereleiter. Wenn mich hier ein Schwindel erfasst, kann ich schwer stürzen. Ein Glück, wenn ein Partner oder eine Partnerin die Leiter hält!
Jetzt bin ich ganz oben, kann fast nach den Sternen greifen, aber vor mir liegt auch ein tiefer Abgrund. »Erfolg ist keiner der Namen Gottes«, hat ein weiser Mann gesagt. Darum schauen wir auf Jesus, ob er uns andere Wege weisen kann.
Zunächst ist Jesus ja nur hinabgestiegen *(L. steigt jetzt wieder Stufe um Stufe herunter):* an Weihnachten auf das Stroh, das Gold der armen Leute. Am Jordan reihte er sich gar mitten in die Schar derer ein, die durch die Taufe von ihrer Schuld gereinigt werden wollten, und die Stimme aus dem Himmel bestätigte diesen Abstieg, denn der Vater sprach: »Dies ist mein geliebter Sohn!« Jesus ist noch weiter abgestiegen: Er ritt auf einem Esel in Jerusalem ein, nicht auf einem Pferd, wie es einem König gebührt. Er wusch seinen Schülern die Füße. Das war ein Dienst, der nicht einmal von einem Sklaven verlangt werden durfte. Er erniedrigte

sich bis unter das Kreuz, dem Schandzeichen von Verbrechern. Ja, er stieg hinab in das »Reich des Todes« – wie wir im Glaubensbekenntnis sagen. Mit dem Reich des Todes ist gemeint: Er begab sich in eine Welt, in der scheinbar der Tod das letzte Wort hat.

Mittlerweile bin ich auf der Leiter wieder unten angekommen. Aber hier beginnt der eigentliche Aufstieg: Jesus nimmt den Kampf mit dem Tod auf und besiegt ihn. Er knackt die härteste Nuss, die auch noch vor jedem von uns liegt.

Doch da beginnt sein beispielloser Aufstieg *(L. steigt wieder die Stufen hoch):* Er steht von den Toten auf; er fährt in den Himmel auf; er sitzt zur Rechten des Vaters, das heißt, er ist König und Richter der Welt – ganz in der barmherzigen Liebe seines Vaters. Und er wird wiederkommen. Diese symbolischen Bezeichnungen des Aufstiegs sagen nicht: Jesus ist abgehoben von dieser Erde oder hat sich zurückgezogen. Nein, er hat uns alle Türen geöffnet: Denn wer ihm vertraut, erlebt ebenfalls Auferstehung und Himmelfahrt.

Jetzt stehe ich wieder sehr hoch auf der Leiter und kann weiterschauen – über den Horizont dieser Welt hinaus. Es kommt also darauf an, bereit zu sein, wie Jesus hinabzusteigen und Mut zum Dienen zu beweisen *(L. steigt wieder hinab).* Wer sich so vor den Menschen »verneigt« in Achtung und Nächstenliebe, der wird auch einmal hoch steigen dürfen in den Augen Gottes und – so hoffen wir – die Stimme vernehmen: »Dies ist meine geliebte Tochter. Dies ist mein geliebter Sohn!«

Fasten- und Osterzeit

16. Die Saiten der Seele neu stimmen (Aschermittwoch)

Symbol/Vorbereitung

Ein Spieler/eine Spielerin mit Gitarre.

Hinführung

Es kann sich etwas in unserem Leben verändern, wenn wir das Zeichen der Asche auf unserer Stirn ernst nehmen. Wir brauchen aber nicht über dieses Zeichen zu erschrecken! Es ist ja als großes Plus zu sehen: Am Ende der Aschen-, der Fastenzeit steht die Auferstehung.

Lesungen

Jes 58,5–11: Ein Fasten, wie Gott es liebt;
Joël 2,12–18: Zerreißt eure Herzen, nicht eure Kleider;
Mt 6,1–6.16–18: Wenn ihr fastet, macht kein finsteres Gesicht;
Lk 4,1–4: Jesus weist den Versucher ab, der ihn vom Fasten abhalten will.

Ansprache

Der bekannte brasilianische Bischof Dom Helder Camara hat einmal gesagt: »Ich bewundere, ja beneide das Ohr des Instrumentenstimmers, das in jedem Ton die kleinste Unstimmigkeit heraushört und so lange sein Instrument stimmt, bis die Töne wieder im Einklang sind!«
Lassen wir doch unseren Gitarrenspieler/unsere Gitarrenpielerin einmal spielen und hören wir zu, ob die Melodie stimmt *(der Spieler/die Spielerin versucht sich an einer bekannten Melodie, aber es ertönen viele Dissonanzen).*
Sie hören selbst: Das Instrument muss neu gestimmt werden, wenn uns die Melodie erfreuen soll.
Helder Camara bezog das, was er gesagt hat, auf sich selbst und seine Seele. Er versuchte, die Unstimmigkeiten in seinem eigenen Leben und

in seiner Umgebung wahrzunehmen: all die falschen Töne und Verzerrungen, die schon mit einem misslaunigen Gesicht beginnen können, und all die Spannungen wie etwa zwischen Armen und Reichen.
Aber fragen wir uns doch selbst: Sind die Saiten meiner Seele manchmal gereizt, überspannt oder kraftlos? Und was bringt uns wieder ins Lot und in eine gute Stimmung? Die Fastenzeit will die besondere Zeit sein, in der ich meine Gedanken, Worte und Taten wieder in eine vernünftige Balance bringe, sodass die Melodie, die von unserem Leben ausgeht, denen Freude bringt, die sie hören. Dazu gehört auch die Frage: Lebe ich mit Gott im Einklang? Schwingen wir uns noch auf seine uns zugespielten Töne ein, die nur durch uns in der Welt zum Klingen gebracht werden können? (Hier kann eine Veranstaltung, Aktion oder eine Konkretisierung ihren Platz haben.)
Ob wir an Ostern den Osterjubel hell und rein erklingen lassen können, ob unsere Osterfreude glaubwürdig wirkt, hängt auch davon ab, wie gut wir in der Fastenzeit das Instrument unseres Lebens stimmen.
Jetzt sind wir neugierig, wie das Lied von eben klingt, wenn die Saiten der Gitarre richtig gestimmt sind *(Spieler oder Spielerin stimmt die Saiten und spielt dann das Lied vor)*. Uns und anderen zur Freude!

NACH WOLFGANG RAIBLE

17. Einladung zur Langsamkeit
(Fastenzeit)

Symbol/Vorbereitung

Ein Schneckenhaus.

Lesung

Jak 5,7–8.10–11: Mahnung zur Geduld.

Ansprache

Dieses Schneckenhaus erinnert mich an die Langsamkeit einer Schnecke. Das ist schon provozierend, wie viel Zeit sie sich lässt. Die käme beim Tempo und bei der Hetze unserer Tage überhaupt nicht mit.

Aber halt! Man erzählte mir: Im Stadion habe ich einen Sportler beobachtet, einen der schnellsten der Welt! Vor dem Finale ging er unglaublich langsam – wie in Zeitlupe – die eigentlich unheimlich kurzen einhundert Meter ab: mit geschlossenen Augen, völlig ruhig – ich hätte mich nicht gewundert, wenn er dabei meditiert hätte.

Dann verbeugte er sich fast vor der Ziellinie, drehte ohne Eile um und ging genauso behutsam Schritt für Schritt konzentriert zurück. Tausende Augen verfolgten ihn. Ich habe noch niemanden so bewusst langsam gehen gesehen.

Dann ging alles ganz schnell: Jacke aus, »Auf die Plätze!«, Kopf runter, »fertig!«. Beim Startschuss explodierte die Kraft! In weniger als zehn Sekunden war alles vorbei. –

Wann eigentlich, so dachte ich, war das Rennen gelaufen: jetzt oder eben vor dem Start? Darum möchte ich mir dieses Schneckenhaus in den Weg legen, wenn es wieder mal ganz schnell gehen muss. Damit auch meine Seele eine Chance hat, mitzukommen.

Ach ja, da fällt mir noch eine Begebenheit ein: Da schlug ein Mann mit der Axt fast wie wild auf Bäume los, um sie zu fällen. Man merkte aber, er musste dabei unheimlich viel Kraft aufwenden. Doch das Ergebnis seines Bemühens war wenig erfolgreich. Wahrscheinlich war die Axt einfach zu stumpf.

Als einer hinging, um ihm das zu sagen, hielt er zwar kurz inne, antwortete aber dann: »Dafür habe ich keine Zeit!«

Fastenzeit – Zeit, innezuhalten – an die Schnecke zu denken – und an das Geheimnis der Langsamkeit des schnellen Läufers.

DER VERGLEICH MIT DEM LÄUFER NACH LUDWIG BURGDÖRFER, SCHIEBE DEINEN NÄCHSTEN WIE DICH SELBST

18. Die Liebe ist ausgegossen in unsere Herzen (Fastenzeit)

Symbol/Vorbereitung

Eine Kaffee- oder Teetasse oder ein Becher.

Begrüßung

Wir stellen uns unter das große Plus und beginnen: Im Namen des Vaters …

Die Liebe Gottes sei mit euch!

Lesungen

Röm 5,1–2.5–8: Die Liebe Gottes ist ausgegossen in unsere Herzen;

Lk 6,27–38 (hier: 36–38): Nach dem Maß, mit dem wir messen und zuteilen, wird auch uns einmal zugeteilt.

Ansprache

Wenn alles aus Gott kommt, dann führt uns auch alles zu ihm hin. Auch dieses Trinkgefäß. Wenn wir es verinnerlichen! Wenn Mönche, Gurus und Buddhisten *stundenlang* einen Gedanken so verinnerlichen, dass er in ihrem Leben Platz findet, dann dürfen wir nicht erwarten, dass die Minute Abendgebet oder *ein* Gottesdienst uns schon die Sprengkraft des Glaubens schenken kann.

Aber Sie sind eingeladen, jetzt eine Reise nach innen anzutreten. Stellen Sie sich Ihr Trinkgefäß zu Hause vor, das bisher nur zweckdienlich benutzt wurde. Wir verinnerlichen es jetzt.

Fünf Gedanken zu diesem Becher, der zum Sinnbild für unser Leben werden kann:

1. Hauptzweck des Bechers oder der Tasse wie der meines Lebens ist: Annehmen und uns erfüllen lassen von dem, was uns letztlich geschenkt wird. Wir hörten es in der Lesung: Die Liebe Gottes ist ausgegossen in unsere Herzen und ist Garant unserer Hoffnung.

   Und dann kommt der entscheidende Punkt, ob unser Leben gelingt, nämlich: das Empfangene weitergeben! Eben im Evangelium haben wir gehört: Gebt mit reichem, vollem, gehäuftem, überfließendem Maß. Denn nach dem Maß, mit dem ihr messt und zuteilt, wird euch zugeteilt.

Das muss man zweimal hören und sich zu eigen machen: Nach dem großzügigen oder geizigen Maß, mit dem wir messen, werden wir selbst einmal bemessen!

2. Sehe ich meinen Lebensbecher momentan voll oder eher leer?

   Dürste ich danach, dass ich wieder erfüllter lebe? Sehne ich mich nach mehr Anerkennung, Zufriedenheit und der spürbaren Nähe Gottes?

   Das gelingt nur, wenn ich mich zuerst selbst annehme; die Tasse also, mein Leben, gerne in die Hand nehme.

3. Auf die Dauer bleibt der Becher (die Tasse) nicht makellos: Er wird verblassen, das Muster unansehnlich, vielleicht bekommt er Risse. Auch bitte nicht vergleichen, wer den schöneren hat. Das sind doch nur Maßstäbe, die das Äußere berühren. Ein solches Denken macht die anderen nur zu Rivalen. Ich darf mir immer vor Augen halten: So wie ich bin, liebt Gott mich. Daraus kann ich das Fundament meines Selbstwertbewusstseins schmieden.

4. Ab und zu muss der Becher gespült werden: also die Schmutzränder beseitigen, die beginnen, meine Liebenswürdigkeit zuzudecken.

   Und wenn er hinfällt und zerbricht? Dann muss ich eben die Scherben wieder aufnehmen. Auch aus einem geflickten Becher kann ich trinken. Für diesen Heilungsprozess brauche ich den Klebstoff der Gelassenheit und der Geduld. Und beim Ergebnis: Bitte auch hier nicht vergleichen! Sie können bei anderen ja nur die Fassade sehen!

5. Bei Jesus wurde immer, wenn er einen Becher oder Kelch erhob, zunächst ein Dankgebet gesprochen. Schlüssel für den Blick der Dankbarkeit ist das Staunen und die Ehrfurcht vor allem, was uns geschenkt ist.

   Ich wünsche uns keinen umgestülpten, sondern einen nach oben offenen Becher. Damit das Leben gelingt.

NACH GEDANKEN VON JOYCE RUPP IN: DER BECHER DES LEBENS

19. Ich weiß, dass er auferstehen wird!
(Fastenzeit / bes. 5. Fastensonntag, Lesejahr A und B)

Symbol/Vorbereitung

Bild einer Kreuzigungsszene oder: Matthias Grünewald: Christi Auferstehung.

Lesungen

Ez 37,12b–14: Ich hole euch aus euren Gräbern;
Joh 11,1–45 (Kurzfassung vom Tag): Die Auferweckung des Lazarus;
Joh 12,20–33: Wenn das Weizenkorn stirbt, bringt es reiche Frucht.

Ansprache

Es gibt mittlerweile viele Menschen in unserem Land, die von Jesus kaum etwas wissen. Eine Geschichte erzählt: Ein Mann steht vor dem Schaufenster einer Kunsthandlung und betrachtet aufmerksam ein Gemälde, das die Kreuzigung zeigt. Da stellt sich ein Junge neben ihn und schaut interessiert mit. Der Mann zeigt auf das Bild und sagt: »Weißt du, wer das ist, der da am Kreuz hängt?« »Das ist Jesus«, kam die schnelle Antwort. Und dann fügte der Junge hinzu: »Die Soldaten, das sind Römer; die Frau, die da weint, ist Maria, seine Mutter. Sie haben Jesus gekreuzigt: Er ist für alle Menschen gestorben!« Sie stehen noch eine Weile vor dem Bild, dann verabschiedet sich der Mann dankend.
Er ist schon in der Menge verschwunden, da hört er plötzlich den Jungen rufen: »Hallo, Herr!« Und außer Atem ruft der Junge dem Mann zu: »Ich habe noch etwas vergessen, das Wichtigste: Dieser Jesus ist wieder aufgestanden. Ja, er ist auferstanden und lebt. Das musste ich Ihnen noch sagen!« (genaue Quelle unbekannt)
Wir brauchen uns mit dem Glauben an die Auferstehung nicht zu verstecken, obwohl selbst die Hälfte der Kirchenbesucher/innen – laut Umfragen – sich da nicht so sicher ist. Ich darf einmal drei Persönlichkeiten nennen, die sich auch zu diesem Glauben bekannten:

1. Hermann Hesse, der große Dichter (1877–1962), der die Bäume und Wolken so liebte und dessen Werke auch heute noch von allen Ge-

nerationen gerne gelesen werden, sagte: Wir Menschen »könnten gar nicht leben, wenn es nicht außer der Luft dieser Welt auch noch eine andere Luft zu atmen gäbe; wenn nicht außer der Zeit auch noch die Ewigkeit bestünde, und die ist das Reich des Echten ...« (aus: Der Steppenwolf).

2. Oder der berühmte Psychologe C.G. Jung (1875–1961) schreibt: »Schon als Arzt glaube ich an das ewige Leben; denn der Glaube an das ewige Leben ist die beste Arznei für ein gesundes und kraftvolles Seelenleben.«
3. Und schließlich der bekannte Sozialwissenschaftler Oswald von Nell-Breuning (1890–1991), der 101 Jahre alt wurde. In einem Fernsehinterview gefragt: »Herr Professor, was halten Sie vom ewigen Leben? Was halten Sie vom Glauben an ein Jenseits?«, sagte er deutlich: »Für mich ist das ewige Leben, das Jenseits, ebenso unerschütterlich wahr, ja noch wahrer, noch sicherer als für Sie, Herr Befrager, diese Bäume, diese Tische und diese Lampen. Alle diese Dinge sind für mich viel unwahrscheinlicher und unsicherer als das ewige Leben. Ich habe nie daran Zweifel gehabt.«

Wir brauchen uns beim Glauben an die Auferstehung nicht zu verstecken, denn alle großen Religionen unserer Erde haben das Leben nach dem Tod unmissverständlich bejaht. Darum zum Schluss eine Geschichte aus Asien:

Der Sohn eines Seidenspinners war jung gestorben. Der Vater ging traurig zum Weisen Meng Tse und fragte: »Warum muss der Mensch sterben?« Der Weise antwortete: »Der Mensch stirbt nicht! Du weißt es doch von deinem Beruf her: Aus den Eiern deiner Spinner schlüpfen die Raupen, die den Kokon durchbrechen und eine neue Brut hinterlassen. Ei, Raupe, Spinner sind nicht das Gleiche, aber, zusammen gesehen, wirkt sich das Leben immer fort. Ist das nicht eine Art von ewigem Leben, das nie stirbt?« Sie saßen lange schweigend. Dann sagte der Seidenspinner: »Ich weiß, du sprichst in Bildern, aber ich will mich der Wahrheit beugen.« Da sagte der Weise noch ein Letztes, während sein Antlitz schon mit der Dunkelheit verschwamm: »Ja, schärfe dein Auge! Es gibt keinen Tod. Alles Leben ist nur ein Gleichnis. Trage deine Trauer in diese Sicht

der Dinge, die über dein Inneres große Ruhe ausbreiten wird.« (Quelle unbekannt)
Wer im Vertrauen auf den Auferstandenen fest an das ewige Leben glaubt, geht mit viel größerer innerer Ruhe durchs Leben, denn er braucht vor nichts den Kopf in den Sand zu stecken.

20. Aus Steinen des Verzeihens eine neue Kirche bauen

(Fastenzeit, bes. 5. Fastensonntag, Lesejahr C / Kirche)

Symbol/Vorbereitung

Ein größerer Kieselstein für jeden; Stifte, um den Namen darauf zu schreiben, eventuell sogar die Adresse.

Lesungen

Ez 36,26–28: Ich nehme das Herz aus Stein aus eurer Brust;
1 Petr 2,2–5a: Lebendige Steine im Bau der Kirche;
Joh 8,1–11: Jesus und die Ehebrecherin.

Kurzgeschichte

Nach dem Zweiten Weltkrieg sollte in der Nähe von Krakau eine neue Stadt gebaut werden: Nowa-Huta. Aber eine Stadt, in der Gott keinen Raum hatte: Eine Kirche war nicht vorgesehen. Das ließen sich die polnischen Katholiken nicht gefallen. Sie stellten ein Kreuz ins Freie und trafen sich dort zu Tausenden, auch bei Temperaturen bis zu 20–25 Grad unter Null. – Zehn Jahre kämpften sie darum, eine Kirche bauen zu dürfen. Dann erhielten sie die Erlaubnis, sie in Eigenleistung zu erstellen. Tausend Quadratmeter sollten in Waschbeton entstehen. Die Verantwortlichen baten darum, im Flusslauf jeweils ein paar Kieselsteine zu suchen und mitzubringen. Diese Idee wurde zum eindrucksvollen Zeugnis: Von überall her kamen Kieselsteine; sie wurden sogar in so vielen Paketen geschickt, dass die Post streikte. Als die Geschichte im Vatikan bekannt wurde, schickte Papst Paul VI. einen Stein aus St. Peter, der zum Grundstein wurde. Und die Vereinigten Staaten sandten einen Stein, den die Astronauten vom Mond mitgebracht hatten. Dieser wurde in den Tabernakel eingearbeitet. – So wurde die Kirche von Nowa-Huta zum eindrucksvollen Zeugnis des Glaubens.

Ansprache

1. Wir nehmen diesen symbolischen Stein in die Hand: Er ist einer von denen, die nicht auf die Ehebrecherin geworfen wurde. Mit solchen Steinen, die nicht verurteilen, können wir, die wir oft selbst im Glashaus sitzen, die Kirche von heute bauen. Geben wir diesem Stein unsere Körperwärme, denn so viel Kaltes schreit uns zum Steinerweichen an; damit anderen ein Stein vom Herzen fallen kann.
2. Es kommt nicht darauf an, ob dein oder mein Stein wertvoller ist oder an welcher Stelle er in den Bau der Kirche eingefügt wird: Entscheidend ist, ob er den Platz annimmt, an den er eingesetzt wird, damit hier Feuchtigkeit, Kälte und Ungeziefer nicht eindringen können.
3. Es ist wichtig, dass der Stein jetzt ins Rollen kommt, in einer Zeit, in der die Kirche in einer tiefen Krise steckt und in der Reformen dringend nötig sind! Steine, die wir in die Hand nehmen, sind keine Stolperfallen mehr und brauchen auch keine Steine des Anstoßes zu werden, weil wir Brot reichen möchten statt Steine.
4. Früher wurde der Funke zum Entzünden des Osterfeuers aus einem Stein geschlagen: Der Funke, der auch uns und unsere Umgebung wieder entzünden kann, so dass wir neu oder wieder mit Begeisterung für die Sache Jesu eintreten. So lässt sich auch der Stein mancher Menschen vom Grabe über Interesselosigkeit für Gott und Kirche wegwälzen. Wir brauchen uns letztlich um diesen Bau der Kirche keine allzu großen Sorgen zu machen, weil Christus der Grundstein und der Baumeister ist. Mit ihm können wir über Wasser gehen – wie so ein flacher Stein hüpfend das Wasser überwinden kann. Und bereits mit der Taufe fing schon der Prozess an, dass Wasser uns umspült und unsere Ecken und Kanten langsam abrundet.

5. Wir dürfen auch träumen wie Jakob im Alten Testament, der seinen Bruder betrogen hatte und trotzdem die Zusage des Schutzes Gottes bekam. Als er sein Haupt auf einen Stein legte, sah er, wie Engel auf der Himmelsleiter auf- und niederstiegen. Auch uns kann der Himmel also ganz nahe sein: »Marmor, Stein und Eisen bricht« – wie es in einem alten Schlager heißt – und wir dürfen im Glauben weiterführen: »aber diese Liebe Gottes zu uns Menschen mit Schuld und Fehlern nicht!«

Singen wir als Glaubensbekenntnis, dass dieser unser Glaube und unser Vertrauen auf die Gegenwart Gottes jetzt wie ein Stein – ins Wasser geworfen – Kreise ziehen kann. Damit Kirche Zukunft hat.

Lied

Ins Wasser fällt ein Stein.

Aktion

Jetzt oder nach dem Gottesdienst kann mit den Steinen ein Kreuz oder der Umriss einer Kirche gelegt werden.

21. Er reitet auf einem Esel
(Palmsonntag)

Symbol/Vorbereitung

Ein Esel (aus der Weihnachtskrippe).

Hinweis

Die Ansprache richtet sich an Erwachsene, alternativ: das Interview mit einem Esel für Kinder- oder Familiengottesdienste.

Lesungen

Sach 9,9–10: Der kommende Friedenskönig ist demütig und reitet auf einem Esel;

Mt 21,1–11 / Mk 11,1–10 / Lk 19,28–40: Jesus zieht in Jerusalem ein.

Ansprache

Jesus zog in Jerusalem ein – das haben wir zu Beginn des Palmsonntags gehört. Aber hier *(L. zeigt den Esel):* auf einem Esel. Viele Jahrhunderte später zog einer in Jerusalem ein, der war sogar ein Kaiser: Heraklius, der Kaiser von Byzanz, dem heutigen Istanbul, hatte Jerusalem von den Persern zurückerobert. Er hatte sich von diesen auch das entführte Kreuz Jesu zurückgeben lassen (das Kaiserin Helena aufgefunden hatte) und zog jetzt im Jahr 627 feierlich in Jerusalem ein. Er saß in seinen Prunkgewändern auf einem festlich geschmückten Pferd, das Kreuz Jesu auf den Schultern, und näherte sich dem Goldenen Tor. Aber, so erzählt die Legende, da senkten sich die Quader des Tores nach unten und versperrten den Weg. Alle waren entsetzt, die Berater standen ratlos da.

Der Kaiser begriff als Erster. Er gab das Kreuz ab, stieg vom Pferd, legte alle Zeichen seiner Herrschaft ab und war schließlich nur noch mit einem Untergewand aus Leinen bekleidet. Er nahm das Kreuz wieder auf die Schulter und näherte sich barfuß dem Tor. Da öffnete es sich und er ging schweigend bis zur Grabeskirche.

Diese Demut kennen wir schon aus der Heiligen Schrift: Der Völkerapostel Saulus/Paulus reitet blind vor religiösem Eifer nach Damaskus und will alle Christen gefangen nach Jerusalem führen. Da stürzt er vom Pferd und wird langsam sehend zum Werkzeug in der Hand Gottes, das den ganzen Mittelmeerraum für Jesus Christus gewinnt.

Herab vom Pferd! Das wollte Jesus uns nahebringen, als er auf einem Esel in Jerusalem einzog!

Es gibt auch heutzutage Menschen, die werden von Lästermäulern verächtlich als »Esel« *(L. zeigt wieder den Esel)* eingestuft, wenn sie ehrenamtlich für einen Verein oder auch für die Kirche arbeiten.

Diese »Esel« in Anführungszeichen haben mehr als alle Lästermäuler etwas von Jesus verstanden, der sogar bereit war, als Meister seinen Schülern die Füße zu waschen! *(L. stellt den Esel vor den Altar)*

Alternativ: Interview mit einem Esel

(L. = Zelebrant, E. = Esel)

L.: Lieber Esel, du Lasttier der armen Leute. Ich finde, du hast auf dem Altar nichts zu suchen! *(holt den Esel und hält ihn ans Mikrofon)*

E.: Du hast doch eben gehört, dass ich im Evangelium vorgekommen bin. Und wenn du mal in der Bibel blätterst, kannst du über hundert Mal auf einen Esel stoßen.

L.: Entschuldigung! Das hab ich noch nicht gewusst. Willst du uns denn nicht die tollste Story mit einem Esel erzählen?

E.: Ja, das war so: Der Prophet Bileam sollte für viel Geld das heilige Volk Gottes verfluchen! Er sattelte seinen Esel und ritt los. Aber der Esel sah vor sich einen Engel Gottes mit gezücktem Schwert, der wollte sie nicht durchlassen. Der Prophet sah den Engel nicht, dachte nur an das viele Geld und knüppelte das arme Tier zusammen. Dreimal! Und stellt euch vor: Auf einmal konnte der Esel sprechen und sagte: »Siehst du denn nicht den Engel Gottes vor uns, der dir verbietet, dein Volk zu verfluchen? Du sollst es vielmehr segnen!« Erst da sah auch der Prophet den Engel und warf sich nieder (Num 22,22–35).

L.: Der Esel hat also viel eher den Engel gesehen als dieser Prophet? Oft habe ich schon gelesen, dass Tiere viel früher etwas mitbekommen als Menschen. – Sicherlich wirst du auch viel besser hören können als wir Menschen, bei deinen großen Ohren. Gut hören können ist besser als viel reden! Dein Vater hat dir bestimmt auch erzählt, was damals in Betlehem geschah?

E.: Erinnert ihr euch, Kinder? König Herodes wollte den neuen König, das Kind in der Krippe, töten. Da weckte ein Engel den Josef …

L.: Hallo, wieder ein Engel!

E.: Ja, der stupste Josef in die Seite und sagte: »Schnell, Josef! Das Kind ist in Lebensgefahr!« Nicht nur einmal. Immer wieder. Da band Josef Tücher über die Hufe meines Vorfahrens, damit keiner hören konnte, wie er mit Maria und dem Kind durch die Straßen floh. Dass die Soldaten des Königs Herodes sie nicht einholten und er die ganze Heilige Familie rettete, darauf sind wir alle ganz stolz.

L.: Was war denn heute los? Zweimal wurde gesagt, als sie dich losbanden: Der Herr braucht dich! (Lk 19,30.34)

E.: Ja, ich höre immer noch die Rufe »Hosanna, dem Sohne Davids!« Dieser Jesus ritt nicht auf einem stolzen Pferd in Jerusalem ein wie ein König, der in den Krieg zieht, nein, er ritt demütig nur auf einem Esel (Sach 9,9), doch: Er will den Frieden. Mich würde nicht wundern, wenn er sogar seinen Jüngern die Füße waschen würde, so einfach und liebevoll erschien er mir.

L.: Da hast du etwas sehr Richtiges herausgefunden. Das passt dazu, dass du auch den Frieden willst, so einfach und anspruchslos, wie du lebst. Du gibst dich zufrieden mit spärlichem Gras, mit etwas Heu oder Stroh; ja, wenn es sein muss, sogar mit Disteln. Das müssen wir erst einmal nachmachen! Und du bist ehrlich dabei: Du trinkst nur klares Wasser. Selbst wenn sie dich verprügeln, würdest du kein trübes Wasser trinken!

E.: Wenn ich manchmal IIIAAA schreie, und ihr meint, darin läge meine ganze Klage, weil ich oft mehr Fußtritte und Schläge bekomme als gutes Futter, dann überhört bitte nicht darin das JJAA, das JA, denn ich möchte diesem Herrn, den ich heute tragen durfte, auch in Zukunft dienen.

L.: Im Paradies wirst du deshalb unter all den Tieren sicher einmal einen besonderen Rang einnehmen, denn der Vater von Jesus wird einmal das Niedrige erhöhen und die Mächtigen Staub fressen lassen! (Lk 1,52)

E.: Ja, an ihn zu glauben, ist keine Eselei: Zunächst aber bin ich zufrieden mit der Karriere nach unten!

L.: Danke. Wir sind stolz auf dich! –
Wo soll ich ihn nun hinstellen, Kinder? Auf den Altar? *(Kinder entscheiden)*

(L. stellt den Esel vor oder auf den Altar)

NACH EINER IDEE VON KONRAD BAUMGARTNER

22. Dienen statt Richten
(Gründonnerstag)

Symbol/Vorbereitung

Ein Krug mit Wasser und eine Schüssel; ein Handtuch.

Lesungen

Gal 5,13–15: Dient einander;
Mt 20,20–28 (ähnlich Mk 10,41–45; Lk 22,24–27): Vom Herrschen und Dienen;
Joh 13,3–15: Fußwaschung.

Ansprache

(L. gießt Wasser in eine Schüssel; ein Handtuch kann danebenliegen) Zweimal ist in der Leidensgeschichte Jesu von einer Schüssel mit Wasser die Rede: Pilatus wäscht bei der Verurteilung Jesu aus Feigheit seine Hände in Unschuld (Mt 27,24) und – Jesus gießt Wasser in eine Schüssel, um wie ein Sklave den Jüngern die Füße zu waschen. Zwischen diesen beiden Möglichkeiten muss auch unser Handeln angesiedelt sein: versuchen, das Anti-Beispiel des Pilatus zu meiden und vom Beispiel Jesu zu träumen … Aber wie handeln wir?
Wir waschen allzu oft unsere Hände in Unschuld – aus Gedankenlosigkeit, Feigheit oder Gleichgültigkeit. Wir klagen zum Beispiel über die zunehmende Gefährdung der Umwelt – und fahren 300 Meter mit dem Auto, um Brötchen zu holen. Wir wissen um Hunger und Not in der Welt – und kaufen mit nur ein paar Euro unser schlechtes Gewissen frei. Wir glauben, keine Zeit zu haben, eine kranke Nachbarin zu besuchen – und hängen stundenlang vor dem Fernseher oder PC … Oder in Zeiten der Corona-Krise, in der es ganz besonders auf unsere Solidarität ankommt, um Ansteckungen zu vermeiden: Wir halten uns nicht an die geforderten Einschränkungen und Sicherheitsabstände, ja feiern sogar sogenannte »Corona-Partys«.
Sollte es nicht reine Gedankenlosigkeit sein, sondern gar Gleichgültigkeit, dann nenne ich es Unmenschlichkeit!

Jesus zeigt uns das Gegenteil. Er, der Meister und Herr, steht vom Mahl auf, um den niedrigsten Dienst zu leisten, zu dem nicht einmal ein Sklave gezwungen werden durfte: Er wusch den Jüngern die Füße. Die Handlung müsste eigentlich zum Sakrament erklärt werden, denn deutlicher als bei anderen Sakramenten sagt Jesus hier: »Wenn nun ich, der Herr und Meister, euch die Füße gewaschen habe, dann müsst auch ihr einander die Füße waschen. Ich habe euch ein Beispiel gegeben, damit auch ihr so handelt, wie ich an euch gehandelt habe« (Joh 13,14f).
Wir möchten in unseren Träumen oft genug »die Größten« sein, und wenn schon waschen, dann anderen die Köpfe; aber Jesus zeigt uns, in welcher Haltung wir leben sollen: »Wer bei euch groß sein will, der soll euer Diener sein...« (Mt 20,26f). Ein Beitrag zur Heilung der Welt. Wie es in einem Lied von Lothar Zenetti heißt: »Als Brot für viele Menschen hat uns der Herr erwählt; wir leben füreinander, und nur die Liebe zählt« (GL 210, 4. Str.).
(Im kleineren Kreis, zum Beispiel bei einer Frühschicht, einer Gruppenmesse ..., kann jetzt bei Hintergrundmusik das Tuch von Hand zu Hand gehen; dabei kann jeder überlegen, wo er steht in seiner Haltung: mehr bei Pilatus oder bei Jesus?)

23. Das Kreuz durchkreuzt alles
(Karfreitag / Passion)

Symbol/Vorbereitung
Ein Kruzifix.

Lesungen
1 Kor 15,57–58: Tod, wo ist dein Sieg?;
Joh 11,17–27 (hier: 21–27): Wer an mich glaubt, wird leben;
Joh 18,1–19,42: Passion.

Ansprache

Tiefes Leid erfahre ich oft an den Gräbern. Nicht unbedingt da, wo am lautesten geweint wird. Am bedrückendsten empfinden viele den Augenblick, wenn der Sarg ein Stück abgesenkt wird. Dann suchen meine Augen immer das Kreuz auf dem Sarg. Es scheint zu fragen: Versteht ihr die Sprache des Kreuzes nicht? *(L. nimmt das Kruzifix in die Hand und zeigt es)*

Der Längsbalken ist doch wie ein Finger, der nach oben deutet und den Weg zeigt, auf dem es jetzt entlanggeht. Der Querbalken steht für die ausgespannten Arme unseres Herrn, der alles umfangen will, den oder die Verstorbene/n, aber auch die Trauernden am Grab. Er will umarmen und hinauftragen zum Vater.

So ist das Kreuz der Grundriss der neuen, erlösten Schöpfung, das alles durchkreuzt, was bisher galt, und zur Vollendung führen will.

Das Kreuz ist wie ein aufgeschlagenes Buch, das schauen lässt über den Horizont dieser Welt hinaus. In diesem Buch ist zu lesen, was wir eben gehört haben: »Wer an mich glaubt, der wird leben, auch wenn er gestorben ist.« Oder: »Tod, wo ist dein Sieg, Tod wo ist dein Stachel?«

Das Kreuz ist zum Schlüssel geworden, das die letzte Tür aufschließt, der Eintritts-, ja der Garantieschein dafür, dass das Kreuz ein Zeichen des Sieges ist.

Das Kreuz ist also kein düsterer Schlussstrich unter das Leben, über das ich dann die Erde werfe, es ist auch kein billiger Trost, sondern es ist das Zeichen der Auferstehung, das uns zum Fest der Feste einlädt.

(L. lehnt das Kreuz gegen den Kerzenständer mit der brennenden Kerze auf dem Altar)

Meditation

1. Was bedeutet *uns* das Kreuz?
   Das Rote Kreuz ist international anerkannt.
   Das Blaue Kreuz als Hilfe für Alkoholkranke ist ebenfalls geachtet.
   Das Schwarze Kreuz als Hilfe für Straffällige
   wird auch akzeptiert.

2. Aber das hölzerne Kreuz auf Golgota?
Die Juden sagten: Das ist eine Schande.
Die Griechen meinten: Es ist eine Torheit.
Die Germanen sagten: Das ist ein Lebensbaum,
der das Leben aus dem Tod symbolisiert.

1. Die Aufklärer sagen:
Das Kreuz wird zum Kitsch, das schöne Hälse ziert.
Heinrich Heine sagte: Setzt mir kein Kreuz aufs Grab.
Dies Marterholz aus Blut und Pein hat stets meine Seele verletzt.
Der Bundesrichter sagt: Raus aus den Klassenzimmern!

2. Was bedeutet *uns* das Kreuz?
Es ist der Balken, der über dem letzten Abgrund liegt.
Es ist das Heil, das die Erde mit dem Himmel verbindet.
Es ist der Schlüssel, der uns die letzte Tür geöffnet hat.
Es ist das große Plus,
das uns den Weg ins eigentliche Leben zeigt.

TEILWEISE NACH JOSEPH WEISSMANN

24. Mich dürstet!
(Karfreitag / Passion)

Symbol/Vorbereitung

Ein Schwamm, zum Teil mit Essig gefüllt.

Lesungen

Jes 52,13–53,12 (hier: 53,2–7): Er trug unsere Krankheiten und Schmerzen;
Joh 18,1–19,42 Passion (bes: 19,28–30): Mich dürstet!

Ansprache

Dieser Schwamm *(L. zeigt ihn)* enthält Essig und soll an die Stelle aus der Passion erinnern, die wir eben gehört haben: »Mich dürstet!« Ein Gefäß mit Essig stand in der Nähe. Sie steckten einen Schwamm mit Essig auf einen Ysopzweig und hielten ihn an seinen Mund. Und Jesus nahm von dem Essig.

Wir haben die Stelle schon oft gehört und gingen zur Tagesordnung über. Doch diese Bibelstelle enthält eine ungeheure Botschaft. Man muss wissen, dass bei einer Kreuzigung ein Gefäß mit Essig bereitstand, in dem sich die römischen Soldaten Hände und Arme wuschen. Essig also als Waschmittel. Dieser Essig war der Abschaum des Schmutzes – doch Jesus trinkt ihn. Vorher – so lesen wir bei Matthäus (27,34) und Markus (15,23) – hat Jesus den Betäubungstrunk, den Wein, der mit Galle oder Myrrhe vermischt war, abgelehnt. Er will das Leid bis zum Äußersten auf sich nehmen.

Aber dann trinkt der Gottessohn, der am Anfang seines Wirkens Wasser in guten Wein verwandelt hat, den Essig, d.h. schlecht gewordenen Wein, verunreinigt und schmutzig. Die Liebe Gottes akzeptiert Schmutz und Abschaum des Menschen.

Hinzu kam, dass die Soldaten ihn auf diese Weise verspotteten, und mit ihnen auch all die Menschen, die gaffend um das Kreuz standen, einschließlich der damaligen Priesterschar.

Wenn Jesus ruft: »Mich dürstet!«, dann ruft das einer, der auch all das akzeptiert, was unter unserer Würde läge.

Es ist interessant, dass die mittlerweile heiliggesprochene Mutter Teresa (1920–1997) in all ihren Einrichtungen ein Kreuz aufrichten ließ, bei dem unter dem rechten Arm des Gekreuzigten immer in Englisch die Aufschrift steht: »Mich dürstet!« Dieser Jesus dürstet und sehnt sich danach, uns Menschen zu lieben. Wenn Mutter Teresa auf diesen Jesus am Kreuz zeigte, dann sagte sie dazu: »Schaut auf seine Umarmung. Er hat sich darauf festnageln lassen. Er und wir Schwestern möchten die Ärmsten umarmen – wie der barmherzige Vater im Gleichnis den verlorenen Sohn, die verlorene Tochter umarmte. Eine Boxerhaltung lässt diese Umarmung nicht zu, denn sie steht in vorbeugender aggressiver

Weise, in Verteidigung, mit Misstrauen, gewaltbereit! *Wir* möchten umarmen!«
Morgens in Kalkutta liegen Tausende Menschen in langen Reihen auf den Straßen; sie haben die Nacht draußen verbracht. Die Toten dazwischen werden in den Morgenstunden fortgebracht. Um die Sterbenden kümmern sich die Schwestern der Nächstenliebe. Teresa liebte keine komplizierten theologischen Sätze. Sie sagte nur: »Seht, da liegt Jesus, der darauf wartet, in den Ärmsten geliebt zu werden.«
Alle unter uns, die Angst haben, sich einmal vor Gott verantworten zu müssen für all das, was im Leben schiefgegangen ist, alle die sollen an den Essig denken *(L. zeigt den Schwamm)*, den Jesus annahm, um unseren Schmutz und den Abschaum dieser Welt zu schlucken. *(L. legt den Schwamm mit einem Tablett auf den Altar)*

DIE INFORMATIONEN ZUM ESSIG UND ZU MUTTER TERESA: NACH LEO MAASBERG

25. Mit der Auferstehung im Hinterkopf leben
(Ostern – Am Tag)

Vorbereitung
Ein schöner, gebastelter Schmetterling.

Lesungen
Kol 3,1–4: Ihr seid mit Christus auferweckt;
Joh 20,11–18: Halte mich nicht fest.

Ansprache
In der Regensburger St. Jakobskirche gab es vor Jahren eine Sensation: Ein Kruzifix aus dem 14. Jahrhundert sollte restauriert werden. Dabei entdeckte man im Hinterkopf des Gekreuzigten in einem Hohlraum einen Schmetterling, ungefähr 4 bis 5 Zentimeter groß, aus vergoldetem Silber, die Flügel farbenprächtig emailliert und die Fühlerspitzen aus echten Perlen.

Das wäre doch Ostern im täglichen Leben: Immer im Hinterkopf haben: Jesus lebt und auch wir werden leben!

(L. zeigt den Schmetterling) Der Schmetterling ist also eine geniale Osterpredigt; auch wenn dieser hier nicht so wertvoll ist wie der im Hinterkopf des Kruzifixes in Regensburg! Wir dürfen jederzeit im Hinterkopf haben: Wir sind befreit von den Ängsten vor dem Tod.

1. Ostern schenkt uns Flügel, auch für die schlimmste Sünde, nämlich zu sagen: »Da kann man nichts machen.« Nein, wir dürfen aus all den lähmenden Gewohnheiten, die wir im Leben gesponnen haben, oder den Gefängnissen, in die uns Umstände sperren, herausschlüpfen und losfliegen. Das ist unser österlicher *Glaube*.
2. Dieser Glaube schenkt uns die *Hoffnung,* dass auch die Krankheiten, die uns zunehmend bedrohen, nicht das letzte Wort haben; auch nicht die Sorgen und lähmende Trauer.
   Wer die scheinbar leblose Puppe, in die eine Raupe sich verwandelt, vorzeitig aufbricht, findet nur eine milchige Flüssigkeit vor. Und jeder, der den wunderbaren Ablauf nicht kennt, würde mit Kopfschütteln antworten, wenn wir ihm von einem farbenfrohen Schmetterling erzählen, der daraus entsteht. Aber das ist die österliche Hoffnung: Wir werden eines Tages den letzten Abgrund überfliegen dürfen.
3. Auf dem Regensburger Schmetterling ist auf dem rechten Flügel Maria zu sehen, auf dem linken der Lieblingsjünger Jesu, Johannes. Der Rumpf des Schmetterlings ist Jesus am Kreuz. Also wie wir es vom Kreuzweg Jesu her kennen – nur hier sozusagen in die Gestalt eines Schmetterlings verpackt.
   Und so wie Maria aus diesem Wunder der Auferstehung ihres Sohnes neue Kraft bekam oder der Apostel Johannes sich aufmachte, die österliche Botschaft in alle Welt zu tragen, so sind wir aufgerufen zu einer *Liebe,* die sich aus dem Trott der Alltäglichkeiten und Gewohnheiten emporschwingt und alle Begrenzungen überfliegen kann.

Wer diese österliche Botschaft im Hinterkopf hat und sich zu einer gewissen Sorglosigkeit befreien lässt, der spürt auch ab und zu Schmetterlinge im Bauch. *(L. lehnt den Schmetterling gegen ein Stehkreuz oder einen Kerzenleuchter auf dem Altar)*

TEILWEISE NACH WOLFGANG RAIBLE

26. Unterwegs nach Emmaus
(Ostermontag)

Vorbereitung

Ein Rucksack, darin drei große Steine, ein Brot, je eine Flasche Wasser und Wein; der Rucksack sollte prall gefüllt aussehen.

Lesungen

1 Kor 15,14–22: Christus wurde auferweckt;
Lk 24,13–35: Die Emmausjünger.

Ansprache

Das Emmaus-Evangelium berichtet von zwei Personen, die gemeinsam auf dem Weg waren. Sie kamen mit den jüngsten Ereignissen in ihrem Leben nicht zurecht; sie waren traurig und fühlten sich allein gelassen. Geht es uns nicht auch oft so?: Wir sehen unseren Alltag vor uns; sehen Schwierigkeiten; sehen Last und Mühsal; tragen so schwer an vielem, was sich uns in den Weg stellt. Wir fühlen uns wie ein Wanderer auf einer langen Tour, dem sein Rucksack zu schwer wird.

(Jugendliche/r trägt einen prall gepackten großen Rucksack in den Altarraum)

Was schleppen wir da aber auch alles mit uns herum?

(Drei schwere Steine werden langsam demonstrativ ausgepackt)

Schwere Steine – sie stehen für alles, was unser Leben belastet; was uns auf der Seele liegt; für alle Ängste, die wir haben; für alles Leid, das uns getroffen hat; für alle Schwierigkeiten und Zweifel, die wir bewältigen müssen.

Aber: Die Steine sind auch ein Symbol für alles, was wir falsch machen in unserem Leben: für all das Gute, das wir hätten tun sollen, aber nicht getan haben; für all die Nebensächlichkeiten, die wir so wichtig finden; für all die Äußerlichkeiten, die uns ablenken …

Diese schweren Steine – sie ziehen uns nach unten; sie hindern am Gehen; sie liegen uns auf der Seele. Aber unser Lebensrucksack enthält noch mehr!

(Brot wird ausgepackt und auf die Altarstufen gelegt) Hier ist Brot!

(Eine Wasserflasche wird ausgepackt) Da ist Wasser!

Brot des Lebens, lebendiges Wasser – Symbole für unseren Glauben, für Jesus Christus! Nehmen wir Jesus mit auf unseren Lebensweg, dann haben wir eine Kraftquelle; dann können wir uns stärken, immer wieder auftanken! Und noch mehr: Brot und Wasser sind lebensnotwendig! Ohne geht es nicht; ohne können wir nicht überleben! Übertragen heißt das: Mit unserem Glauben kommen wir weiter. Mit unserem Glauben verkleinern sich die Schwierigkeiten und Lebenskrisen. Mit Jesus Christus erhält unser Leben neue Impulse.

Ist noch mehr in unserem Rucksack? Gibt es noch etwas auszupacken?

(Weinflasche wird ausgepackt) Da ist Wein!

Ist Wein auch lebensnotwendig? Können wir nicht mit Wasser auskommen? Wein steht für Geselligkeit, für Gemeinschaft, für ein Fest. Mit guten Freunden sitzen wir zusammen, tauschen uns aus, essen und trinken, geben uns gegenseitig Halt und Kraft. Freunde sind wichtig; Gemeinschaft mit anderen ist lebenswichtig! Der Wein in unserem Rucksack macht deutlich: Wir sind nicht allein auf unserem Lebens- und Glaubensweg. Viele andere gehen mit – und gemeinsam sind wir stark! Gemeinschaft macht auch froh! Wenn wir jetzt noch einmal auf das Emmaus-Evangelium schauen: Den Jüngern ging das Herz auf, als Jesus mit ihnen sprach! Sie erfuhren Gemeinschaft mit dem auferstandenen Jesus; der Weg war plötzlich nicht mehr beschwerlich; ihnen wurde leicht ums Herz; sie fühlten sich verstanden und aufgehoben.

Wenn wir jetzt alle einmal hier in unserer Kirche in die Runde schauen, dürfen wir annehmen: Wir können uns doch auch aufgehoben fühlen in unserer Gemeinschaft der Glaubenden, in unserer Pfarrgemeinde und weit darüber hinaus!

Christus ist dabei unsere Kraft. In ihm können wir auch manche Widerstände und Vorbehalte in uns überwinden. Und in der Freude über den Auferstandenen dürfen wir das Halleluja singen!

FAMILIENGOTTESDIENSTTEAM, D-21218 SEEVETAL

27. ... weil wir den Lichtschein sehen (Ostern / Osterzeit)

Symbol/Vorbereitung

Libelle.

Lesungen

Kol 3,1–4: Auferweckung mit Christus;
Mt 28,1–10 / Mk 16,1–7 / Lk 24,1–12: Er ist auferstanden;
Joh 20,1–18: Die Erscheinung Jesu vor Maria von Magdala.

Ansprache

Wir feiern das Fest der Feste: Jesus ist nicht im Grab geblieben! Das sprengt alle Vorstellungskraft, weil die Gesetze der Natur durchbrochen werden.

Als Jesus dem Synagogenvorsteher Jaïrus sagt: »Deine Tochter ist nicht gestorben, sie schläft nur«, lachen sie ihn aus (Mk 5,39f). Da kennen sie sich doch aus: Tot ist tot!

Auch heute werden wir häufig belächelt, wenn wir zum Gottesdienst gehen, um das Unvorstellbare zu feiern.

1. Es ist wie beim Gespräch zwischen einer Libellenlarve, die immer wieder den unwiderstehlichen Drang nach oben hat, um neue Luft zu schöpfen, und einem Blutegel, der sagt: »Hab ich vielleicht jemals das Bedürfnis nach dem, was du Himmelsluft nennst?«

   »Ach«, erwiderte die Libellenlarve, »ich hab nun einmal die Sehnsucht nach oben. Ich versuchte auch schon einmal, an der Wasseroberfläche nach dem zu schauen, was darüber ist. Da sah ich einen hellen Schein und merkwürdige Schattengestalten huschten über

mich hinweg. Aber meine Augen müssen wohl nicht geeignet sein für das, was über dem Teich ist. Aber wissen möchte ich's doch.«
Der Blutegel krümmte sich vor Lachen: »O du fantasievolle Seele, du meinst, über dem Tümpel gibt es noch was? Lass doch diese Illusionen. Glaub mir als einem erfahrenen Mann: Ich hab den ganzen Tümpel durchschwommen. Dieser Tümpel ist die Welt – und die Welt ist ein Tümpel. Und außerhalb dessen ist nichts.«
»Aber ich hab doch den Lichtschein gesehen und Schatten!«
»Hirngespinst! Was ich fühlen und betasten kann, das ist das Wirkliche«, erwiderte der Blutegel.
Aber es dauerte nicht lange, bis sich die Libellenlarve aus dem Wasser herausschob; Flügel wuchsen ihr, goldenes Sonnenlicht und blauer Himmelsschein umspülten sie, und sie schwebte schimmernd über den niedrigen Tümpel davon. (Quelle unbekannt)
Auch wir glauben an den Lichtschein über dem Tümpel dieser Welt und haben unsere Lichter am Licht der Osterkerze entzündet, um zuerst unserer Hoffnung Nahrung zu geben und dann die frohe Botschaft in alle Welt zu tragen: »Es gibt keine Toten. Es gibt nur Lebende. Lebende hier und gleich nebenan.« Doch diese andere Welt »gleich nebenan« können wir erst sehen, wenn unsere Augen gebrochen sind.
Wir dürfen uns also nicht wundern: Wenn wir auf einen treffen, der nicht mit den Augen des Glaubens Ausschau hält, werden wir immer auf Unverständnis stoßen.
Das zeigt uns auch ein anderes Beispiel aus der Schöpfung:

2. Stellen wir uns vor, ein Maikäfer begegnet einem Engerling, der sich erst in ein oder zwei Jahren zum Maikäfer entwickelt, und der würde sagen: »Guten Tag, lieber Engerling, ich bin dein Bruder!«
»Red keinen Quatsch!«, würde der entgegnen, weil er ihn sofort betastet hat und feststellt: »Das kann nicht stimmen; du bist ja ganz hart und steif!«
»Warte nur«, würde der Maikäfer antworten: »Wenn du in einiger Zeit ans Tageslicht kommst, wirst du dich genauso anfühlen!«
»Nun hör auf mit dem Unsinn, und was, bitte, ist Tageslicht?«

»Ach«, schwärmt der Maikäfer, »da siehst du im Licht der Sonne viele saftige Blätter, die du zum Fressen gern hast.«

»Du nervst«, würde der Engerling sagen, »was sind Blätter und was ist die Sonne?«

»Die Blätter wachsen auf den Bäumen. Du fliegst in einem hellen Licht von einem zum anderen!«

»Was ist fliegen?«

»Du klappst deine Flügel auf und schwirrst durch die Luft!«

»Ich glaube«, der Engerling wird jetzt böse, »deine Sonne hat dir den Verstand ausgetrocknet; hier weiß ich, was ich habe!« Er dreht sich um und nagt weiter an einer Wurzel.

NACH WERNER TRUTWIN/ROMAN MENSING, FUNDGRUBE WEGE DES GLAUBENS

Wir glauben an die Sonne in Jesus Christus. Wir wissen auch nicht genau, wie es auf der anderen Seite des Lebens aussieht, aber wir glauben an die Verwandlung im Tod und an ein Leben danach, das uns ganz mit Freude und Friede erfüllt. Weil wir den Lichtschein in Jesus schon sehen, deshalb lassen wir uns gerne belächeln!

Fürchtet euch nicht! Halleluja! Die Freude darüber wird uns frei machen.

28. Auferstehung in der Sprache einer Blume
(Ostern / Osterzeit)

Symbol/Vorbereitung

Einige Narzissen.

Lesungen

1 Kor 15,3–8: Er wurde am dritten Tag auferweckt;
Mt 28,1–10 / Mk 16,1–7 / Lk 24,1–12: Er ist auferstanden.

Ansprache

(L. zeigt eine Narzisse oder einen ganzen Bund:) In der mittelalterlichen Malerei galt die Narzisse als Zeichen der Hoffnung und der Auferstehung, deshalb ist sie am Rand mancher Kreuzigungsszene zu sehen. Zu Tausenden verkünden Narzissen nicht nur in den Tälern von Eifel und Hunsrück den Frühling und damit das erwachende Leben; ihr Vorkommen reicht von den Pyrenäen bis Südengland, also entlang der atlantischen Küste, die für ein ausgeglichenes Klima bürgt. Viele fahren zu Ostern hinaus, um die strahlenden Blütenteppiche zu bewundern.

Es lohnt sich, diese Blume, die von der großen Schwester, der Osterglocke, zu unterscheiden ist, näher zu betrachten. Sie hat uns nämlich zum Osterfest eine Menge zu sagen:

1. Zunächst ist da die Geschichte von Narziss, von dem sie den Namen hat. Narziss war ein schöner junger Mann in der griechischen Sage, der Sohn eines Flussgottes und einer Bachnixe. Den ganzen Tag saß er, um sein eigenes Bild zu betrachten, wenn es sich in einer Quelle spiegelte. – Wir kennen ja vielleicht narzisstische Personen, die sich krankhaft in ihr eigenes Ich verliebt haben und ein so breites Wesen bekommen, dass neben ihnen kein Platz bleibt für eine andere Person. – Schließlich sollen ihn die Götter in eine Narzisse verwandelt haben.

   Die Narzisse aber hebt ihr gekröntes Haupt immer der Sonne entgegen. Sie ist süchtig nach der Sonne, die ja Symbol für Gott ist oder an Ostern die Leuchtkraft der Auferstehung meint; darum liebt sie helle Wälder, Wiesen und Weiden. Schaute Narziss nach unten, dürfen wir wie die Narzisse unser Haupt erheben, denn Christus hat unseren größten Feind, den Tod, besiegt.
2. Die Narzisse duftet sehr stark, kann einen ganzen Raum mit ihrem fast betäubenden Duft erfüllen. Sie möchte also ihre Botschaft in alle Welt verströmen, damit auch der Letzte die froh machende Botschaft vom Licht und der Auferstehung vernehmen kann.
3. Die Narzisse vermehrt sich schnell: Sie hat eine eifrige Brutzwiebel, die gleich zwei bis drei Tochterzwiebeln erzeugt. Noch Wunderbareres hat sich Mutter Natur für ihren Samen einfallen lassen: Wenn

die Narzisse verblüht, sinken die Sprossen mit den Fruchtkapseln an der Spitze langsam zu Boden. Dort fallen dann die Ameisen gerne über die schwarzen Samen her, denn der Samenstrang hat ein weiches, ölhaltiges Anhängsel, das Ameisen anzieht. Sie schleppen die Samen bis 50 Meter im Umkreis und lassen sie dann fallen; darum die ausgedehnten Blütenteppiche.

(L. zeigt noch einmal die Narzissen:) Die Natur, die Narzisse, lebt uns vor, dass wir an Ostern unsere Häupter erheben; den betörenden Duft, dass Jesus den Tod besiegt hat, einatmen und ihre Botschaft – so »emsig« und eifrig wie die Ameisen – in die ganze Welt hinaustragen.

NACH EINEM BERICHT VON UTA JUNGMANN IN: KÖLNER KIRCHENZEITUNG 13/08, S. 14F

29. Ein Überraschungs-Ei
(Ostern / Osterzeit)

Symbol/Vorbereitung

Ein übliches, aber präpariertes sogenanntes Überraschungs-Ei bereitlegen.
Vorsichtig wird die Papierhülle entfernt, das Schoko-Ei mit einem scharfen Messer geöffnet, die übliche »Überraschung« herausgeholt und dafür ein rot angemaltes, passendes (= kleines, evtl. von einer Taube) Ei hineingelegt und dann wieder durch die Papierhülle zusammengefügt (siehe Ansprache).

Hinweis

Die beiden Kinder, die das Interview mit dem Küken vorlesen, sollten den Text vorher geübt haben.

Lesung

Kol 3,1–4: Ihr seid in Christus auferweckt.

Evangelium

Einleitung: Wer um einen lieben Verstorbenen trauert, den zieht es meist immer wieder zum Grab, auch wenn er weiß, dass da nur noch der tote Leib liegt. So war das auch mit Maria von Magdala, die Jesus gefolgt war:

Joh 20,1–18: Die Erscheinung Jesu vor Maria von Magdala.

Ansprache

»Tot ist tot«, sagen viele Leute. Sie sagen es deshalb, weil sie in einem Todesfall mit ihren Augen nichts mehr wahrnehmen können. Wir wissen aber: »Man sieht nur mit dem Herzen gut! Das Wesentliche ist für das Auge unsichtbar« (Antoine de Saint-Exupéry). Richtig, mit den Augen des Herzens kann ich mehr sehen. Doch die Augen des Glaubens sehen noch viel weiter: Sie sehen über den Horizont dieser Welt hinaus. Auch bei diesem Überraschungs-Ei sehen wir über die äußere Fassade hinaus – nach innen!

(L. zeigt das Überraschungs-Ei:) Das kennt ihr sicher! (…) Und was ist darin? (…) Es gibt aber auch Schokoladeneier, da ist gar nichts drin. Man isst das Süße weg und in der Mitte gähnende Leere. So ist das bei vielen Menschen: Sie stürzen sich auf etwas Äußeres, das schmeckt, und sind damit zufrieden. Aber wenn etwas Schlimmes passiert, dann breitet sich da – auch in ihnen – eine gähnende Leere aus, die sie verzweifeln lässt *(eventuell Beispiele von Menschen andeuten, die nach dem Tod eines geliebten Menschen leer waren und sich müde fühlten).*

Aber in diesem Ei *(L. zeigt wieder das Überraschungs-Ei)* ist etwas drin: Nein, nicht das, was ihr vermutet. Noch eine Überraschung! *(L. entfernt die Hülle, teilt die Schokoladenhälften und nimmt das rote Ei heraus)*

Na, da staunt ihr! Es ist sogar angemalt. Woran kann ich feststellen, ob es gekocht oder innen noch roh ist? *(… am Drehen zu erkennen).* Es kann sein, dass in diesem Ei ein Küken heranwächst, das eines Tages die Schale durchdringt und herausspringt.

Es kommen zwei Kinder/Jugendliche, die dieses Küken einmal interviewen. Mal sehen, was dabei herauskommt.

I. ist der Interviewer, K. verleiht dem Küken seine Stimme.

I.: Hallo, hörst du mich da drinnen in dem Ei?

K.: Sprich etwas lauter, die Schale dämpft deine Stimme!

I.: Wie gefällt es dir denn in deiner engen Wohnung?

K.: Gut, ja ausgezeichnet! Ich fühle mich hier richtig geborgen. Hier ist es warm und still. Hier will ich bleiben!

I.: Aber das bisschen Luft darin ist bald verbraucht, weil du größer wirst und dann das ganze Ei ausfüllst.

K.: Hier gefällt es mir aber. Wer weiß, was draußen auf mich wartet. Nein, lass mich in Ruhe!

I.: Du hast aber ein Werkzeug auf deiner Nase, das hilft dir im letzten Augenblick, bevor du erstickst!

K.: Mach mir keine Angst! Meinst du die kleine Säge auf meinem winzigen Schnäbelchen?

I.: Genau! Es ist der »Eizahn«. Damit kannst du die Schale an einer Stelle aufbrechen und dich dann langsam in die Freiheit picken!

K.: Danke für den Hinweis! Da bin ich aber gespannt. Ich dachte, mein Ei hier ist die ganze Welt. Und sonst gibt es nichts mehr!

L.: Danke, ihr beiden!

So ähnlich könnten wir auch ein Baby, besser einen Embryo interviewen. Der will sicher auch nicht aus dem warmen Mutterleib, in dem er so wunderbar über die Nabelschnur versorgt wird. Er wird auch Zweifel anmelden können: Womöglich gibt es gar keine Mutter, er hat sie doch nie gesehen, und vielleicht meint er, wir haben uns ein Leben außerhalb des Mutterleibes nur ausgedacht; deshalb stimmt es also gar nicht!
Versteht ihr, worauf ich hinaus will?: Auch ein Mensch, der stirbt, hat deshalb Angst, weil er die andere Welt noch gar nicht gesehen hat. Ob es sie überhaupt gibt?! Vielleicht leben wir alle in einem riesigen Ei, und außerhalb der Eierschalen unserer Welt soll es nichts mehr geben?!
Darum feiern wir Ostern: Denn Jesus kam aus dem Steingrab wie das Küken aus dem Ei. Keiner hat damit gerechnet. Aber Jesus zeigt in seiner Auferstehung, dass wir damit rechnen dürfen.

Darum ist das Ei rot angemalt: Wir freuen uns über die Liebe Gottes, die uns an Ostern ewiges Leben verspricht. Wir dürfen dabei singen: Halleluja!

30. Am Osterei die Welt begreifen
(Ostern, bes. 2. Sonntag der Osterzeit)

Symbol/Vorbereitung
Auf einem kleinen Tisch liegt ein rotes Osterei.

Lesungen
Kol 3,1–4: Strebt nach dem, was im Himmel ist;
1 Kor 15,1–8.11: Die Auferstehung ist der Grund, auf dem ihr steht;
Mt 18,1–8: Der Auferstehungsglaube ist der Fels unter unseren Füßen;
Mt 28,1–8, Mk 16,1–8, Lk 24,1–12 oder Joh 20,1–13: Berichte von der Auferstehung;
Joh 20,24–29: Thomas findet in der Begegnung mit dem Auferstandenen den Standpunkt seines Lebens.

Ansprache
(L. zeigt das rote Ei) In diesen Tagen haben wir jede Menge Eier gesehen. Aber dass ausgerechnet ein Ei symbolisch für einen festen Standpunkt im Leben stehen kann, das ist uns dabei noch nicht in den Sinn gekommen.

1. *(L. richtet das rote Ei auf und versucht es hinzustellen, manchmal dreht er es auch um die eigene Achse, dabei sagt er Folgendes:)*
   Im Leben einen festen Standpunkt finden. Das wär's doch!
   Manche eiern ähnlich herum und versuchen dem Ei, das heißt ihrem Leben, einen festen Halt zu geben. Aber das gelingt so nicht. Ihr seht: Das Ei fällt immer wieder um oder dreht sich um sich selbst. So drehen sich auch manche Kinder und Jugendliche nach allen Seiten, möchten alles mitbekommen und befürchten, etwas zu verpassen. Sie kommen so aber nicht auf die Beine. Sie tolerieren dabei

alles, wählen nicht aus. Peter Hahne, der frühere ZDF-Moderator, sagte einmal: »In unserem Land wird Toleranz mit *zwei* ›l‹ geschrieben, alles ist *toll!*«

Auch den Erwachsenen gelingt der feste Standpunkt häufig nicht: Sie umgeben sich mit tausend Dingen, wollen immer mehr, merken aber nicht, wie sie innerlich leer bleiben. Es muss im Leben doch mehr geben als die tausend *Dinge!* Auch den Thomas des Evangeliums trieben die Zweifel um!

Wisst ihr eine Lösung, wie das Ei zu einem festen Halt gelangt? *(eventuell versuchen lassen)* Es gibt nur einen Weg – wie beim Ei des Kolumbus: *(L. setzt das Ei kräftig auf der breiten Spitze auf)* Seht ihr, jetzt steht es!

Das ist die Lösung: Die Welt von einem *festen* Standpunkt aus betrachten!

Was kann das heißen?: Ich strenge mich an, um meine Ausbildung abzuschließen; ich sehe in der Arbeit keinen Job, sondern eine Berufung, an der Entfaltung der Gesellschaft mitzuarbeiten; ich entschließe mich, eine Familie zu gründen.

Auch der Glaube braucht einen festen Halt, wenn er nicht rumeiern soll. Dieser feste Halt ist – die Auferstehung Jesu. Thomas war nach der Begegnung mit dem Auferstandenen wie verwandelt. Wir gehören eigentlich zu denen, die nicht sehen und doch glauben könnten. Warum tun wir es nicht? Keiner kann *beweisen,* ob es ein Leben nach dem Tod gibt oder nicht. Ob Jesus lebt oder nicht. Ob unser Glaube Unsinn ist oder nicht. Einer, der nicht glaubt, glaubt das doch auch – aber negativ! Wenn ich mich dahin durchringen kann zu glauben: Jesus ist der Herr über Leben und Tod, Jesus lebt, dann kann ich die Welt und mein Leben von einem festen Standpunkt aus betrachten. Dann erst fängt die Freiheit des Christenmenschen an. Dann erst brauche ich mich nicht mehr von Zweifeln umtreiben zu lassen oder bei jedem Wenn und Aber rumzueiern. Das zu können, ist letztlich auch Gnade, das heißt ein Geschenk des Himmels.

2. Ihr seht, das Ei ist jetzt bei seinem festen Stand nicht ausgelaufen. Warum nicht? Ja, es ist hart gekocht. Es ist durch Hitze und Be-

drängnis gegangen, hat eine dicke Haut bekommen. Wer jeder Schwierigkeit aus dem Wege geht, wer immer unter den Hürden abtauchen will, kann keine »Härte« erreichen und läuft immer aus, wenn es ihn wirklich mal trifft. Es laufen schon genug Weicheier herum! Durch das Hitzebad von Leid und Tod musste auch Jesus, um das zu werden, was uns alle Türen öffnen konnte – auch die Tür zum ewigen Leben.

3. Die Farbe Rot ist für dieses Ei nicht zufällig gewählt. Rot ist die Farbe der Liebe, des Blutes, des Herzens, des Feuers, kurz: des Lebens. Diese lebendige Liebe meint aber nicht, das Ei aufzuessen und es mir gut sein zu lassen. Die richtige Liebe schlägt den umgekehrten Weg ein: Ich *verschenke* das Ei! Und die Freude, die dann zurückkommt, weil es dem anderen schmeckt oder weiterhilft, die erfreut mich wiederum; die beflügelt mich; die stärkt mich innerlich. Zur Liebe im Leben finde ich nur, wenn ich zuerst zu geben bereit bin. Dann kommt die Liebe zurück.

(L. zeigt das Ei) Ist das nicht toll?: An einem Osterei kann ich die ganze Welt begreifen! Als Glaubende, als Glaubender in Jesus, dem Auferstandenen, mein ganzes Leben neu begreifen! Mit frohem Herzen! *(L. setzt das Ei auf den Altar)*

Meditation nach der Kommunion

1. Wenn du spürst, dass dir der Boden unter den Füßen schwankt,
weil dein Glaube unsicher geworden in verworrener Zeit,
dann setz auf Jesus, den neuen Menschen.

2. Wenn dir die Sicherheiten entgleiten
und Menschen dich verfolgen oder verleumden,
dann verzage nicht!
Denk an Jesu Sieg über alle Dunkelheiten und fasse neuen Mut! –

1. Wenn alle um dich her den Mut verlieren,
verzweifeln oder resignieren,
trag ihre Not mit!
So setzt du ein Zeichen der Hoffnung! –

2. Wenn du nicht mehr beten kannst,
   lass dich trotzdem in Gottes Arme fallen,
   denn Gott ist barmherzig!
1. Wenn du spürst, dass dir der Boden unter den Füßen schwankt,
   weil dein Glaube unsicher geworden in verworrener Zeit,
   dann setz auf Jesus, den Auferstandenen!
   Er gibt deinem Leben Halt und Standpunkt.
2. Weil das Grab leer ist, gibt es keine begrabenen Hoffnungen. –
   In der Welt, die wir lieben, haben wir oft Angst.
   Darum suchen wir Halt im Glauben,
   der Zuversicht und Perspektive schenkt.

NACH EINER IDEE VON FRITZ SCHMID IN: FIRMUNG – AUFBRUCH INS LEBEN, REX-VERLAG

31. Das Lebensseil ist angebunden
(Osterzeit)

Symbol/Vorbereitung

Ein längeres Seil, dessen Ende schließlich um die Osterkerze gelegt wird.

Hinweise

Die Ansprache ist im Rückblick aus der Sicht der Erwachsenen gesprochen. Beziehen Sie bitte anwesende Kinder »live« ein.
Diese Idee eignet sich auch gut für kleinere Gruppen und im Rahmen eines Gottesdienstes mit Seniorinnen und Senioren und ebenso für das Fest Allerseelen.

Lesung

Joh 14,1–6: Ich bin der Weg.

Ansprache

(L. nimmt das »Lebensseil« auf) Dieses Seil mag symbolisch für unser Leben stehen. Aus wie vielen »Fäden« (= Erbgut, Erziehung, Einflüsse) ist

meine Lebensgeschichte zusammengedreht!? Gedanklich teilen wir das Seil in vier Lebensalter auf: Kindheit, Jugend, Erwachsensein, Alter.

(L. hält den Anfang) Wir denken zurück an unsere Kindheit: Angst befiel uns, wenn Vater und Mutter nicht in der Nähe waren; am schönsten war es, ihre Gegenwart zu spüren und mit ihnen zu schmusen, und weil das nicht immer möglich war, hatte unser Schmusetier einen hohen Stellenwert. Ach ja, wir waren auch unersättlich im Hören von Geschichten.

(Am Seil weitergreifen) Dann folgte die Jugendzeit: sich abnabeln; uns selbst annehmen; sich mit der Ausbildung herumschlagen; die Geschlechterrolle erfühlen; die erste Liebe erfahren, den ersten Liebeskummer. Gott in Frage stellen. – Wir werden einen Augenblick still und überlegen, was uns aus dieser Zeit noch in der Erinnerung beschäftigt. –

(Die Mitte des Seiles greifen) Das Erwachsensein: Dem Zuhause den Rücken kehren; Entscheidungen fürs Leben treffen; sich auch im Beruf verwirklichen können; das »Papa« oder »Mama« eines Kindes genießen; oder allein »seinen Mann/seine Frau stehen« im Auf und Ab des Lebens: Gott wird mir wichtiger, oder ich lasse ihn langsam sterben … – Wir denken darüber nach, was *uns* zum starken Seil werden ließ, was uns Zerreißproben bescherte.

(Das letzte Viertel greifen) Das Alter: Wir spüren, das Augenlicht lässt nach – und nicht nur das. Wir vergessen so viel. Wir bemerken das Achselzucken der Jüngeren. Bin ich zufrieden mit dem, was ich im Leben geleistet habe, oder bedrücken mich verpasste Chancen? Wir fragen uns zunehmend: Was kommt danach? Ist das Seil einfach zu Ende, falle ich ins Nichts oder – ist es angebunden? Zunächst aber überlegen wir jetzt, was uns im Alter wichtig ist.

(Stille oder Musik, zum Beispiel von J.S. Bach)

(L. legt das Ende des Seils zunächst wortlos um die Osterkerze) Wer auf Christus vertraut, weiß: Unser Lebensseil wird zwar von dieser Welt abgeschnitten, aber wir bleiben festgebunden an den, der den Tod überwunden hat. Unser Werden, unsere Freude und unser Leid bleiben nicht im Dunkel, sondern werden ins Licht der himmlischen Wohnung (vgl. Evangelium Joh 14,1–6) gehoben. Und wenn ich darauf vertraue, dass

mein Lebensseil angebunden ist an den, der sagt: »Ich bin das Leben«, dann darf ich mich in allen Situationen meines Lebens gehalten fühlen.

NACH EINER IDEE BEI NORBERT POSSMANN, LICHTBLICKE

32. Ostern mündet in Lebensfreude
(Osterzeit, bes. 6. Sonntag der Osterzeit, Lesejahr B)

Symbol/Vorbereitung

Ein bunter Ball.

Hinweise

Besonders für Kinder geeignet.
Möglich ist es auch, für Erwachsene eine Christbaumkugel mitzubringen und in Bezug zu setzen. Die Kirchenväter haben immer an Ostern auch über Weihnachten gepredigt, das das Halleluja erst ermöglichte.

Evangelium

Joh 15,9–17: Damit meine Freude in euch ist.

Ansprache

(L. zeigt den Ball) Stellen Sie sich vor, ich würde jetzt diesen Ball den Ministranten (dem Diakon, der Lektorin usw.) zuwerfen und es entwickelte sich ein Hin und Her – aus Freude über das, was wir heute feiern? Sie würden vermutlich den Kopf schütteln!
Aber das hat es im Mittelalter in Auxerre/Frankreich gegeben. Nach dem Ostergottesdienst schritt der Bischof mit seinem Klerus in einem rituellen Tanz bestimmte Tanzfiguren ab, bei dem sie sich einen Ball zuwarfen. Der Ball wurde zum Ostersymbol, der die Sonne versinnbildlichte. Es heißt ja nicht zufällig im Evangeliumsbericht nach Markus: »… als eben die Sonne aufging« (Mk 16,1–7). Christus ist die Sonne, die alle tödliche Finsternis überwunden hat.
Der Ball an sich ist schon ein faszinierendes Spielzeug. Welche Lebensfreude versprüht ein kleines Kind dabei, wenn es einen Ball durch den

Raum rollen, ihn fangen und werfen kann. Im Gemeinschaftsspiel begeistert er noch mehr durch das Mit- und Füreinander und in geordneten Regeln auch im Gegeneinander. Wie vieles bleibt da unberechenbar, elektrisiert und fasziniert.
Da mündete also damals in dieser französischen Kathedrale die österliche Freude in ein Fest der Lebensfreude. Vielleicht kann auch das Mittelalter, wie jedes Zeitalter, uns etwas Verlorengegangenes lehren!
Das wäre Ostern: Menschen kommen in Bewegung, Freude siegt über Traurigkeit, Spiel überwindet die Starrheit. *(L. legt den Ball vor den Altar)*
Und die Zuschauerinnen und Zuschauer rufen dazu begeistert auf den Tribünen dieser Welt: Halleluja!

33. Im Spannungsbogen von Vertrauen und Planen (Christi Himmelfahrt)

Symbol/Vorbereitung

Ein Regenbogen (Foto oder als große »Laubsägearbeit«).

Hinführung

»Der Herr stand ihnen bei«, auch nach seiner Himmelfahrt. So können auch wir uns seiner Gegenwart gewiss sein und voll Vertrauen auf ihn bauen und wirken.

Lesungen

Eph 1,17–23: Wir sind zu einer großen Hoffnung berufen;
Apg 1,1–11: Ihr werdet meine Zeugen sein;
Mk 16,15–20: Verkündet die gute Nachricht allen Geschöpfen.

Ansprache

Ein gläubiger Mann, der gerade Korn mähte, wurde gefragt: »Was würden Sie tun, wenn Sie erführen, dass Sie in einer Stunde sterben müssten?« Er antwortete: »Ich würde mir auf dem Teil des Feldes, der noch zu bearbeiten ist, ganz besondere Mühe geben!«

Obwohl dieser Mann (oder diese Frau) aus dem Glauben heraus genau weiß, welch eine große Zukunft er zu erwarten hat, ist er doch ganz erfüllt von seiner diesseitigen Aufgabe. Hier wird genau der Spannungsbogen spürbar, der auch in der Lesung (Eph 1,18) und im Evangelium vor unsere Augen gestellt wurde: Wir sollen erkennen, zu welch einer großen Hoffnung wir berufen sind und welch ein Reichtum an Herrlichkeit auf uns wartet. Aber dazu gibt Jesus den Jüngern und uns für die jetzige Erdenzeit den Auftrag: Geht und macht alle Völker zu meinen Jüngern (Mt 28,19).

Der Himmel vor uns darf nicht das süße Gift sein, das »Opium fürs Volk«, das uns vertröstet und unser Diesseits nicht ernst nehmen lässt. Die Welt von heute ist vielmehr die Aufgabe, der wir gerecht werden sollen. Es ist schon etwas dran an dem Satz, der uns manchmal – auf Mauern gesprüht – in die Augen sticht: »Es gibt auch ein Leben *vor* dem Tod.«

Diesen Spannungsbogen *(L. zeigt auf den Regenbogen)* können wir im Leben der Apostel und der Heiligen erkennen: Sie schöpfen ganz aus der unsichtbaren Nähe Jesu und werden so fähig, unermüdlich tätig zu sein. Die goldene Mitte ist also:

- Ganz auf Gott vertrauen – und doch alles planen.
- Sich ganz in die Hände Gottes fallen lassen – und doch mit allen Kräften wirken.
- Auf den neuen Himmel warten – und doch auf dieser Erde das Reich Gottes sichtbar machen – das macht unser Leben bunt!

Unter diesem Blickwinkel erhält auch eine Legende über zwei Mönche eine klare Perspektive:

Die beiden Mönche suchten den Ort, an dem der Himmel und die Erde sich berühren. Sie hatten in einem alten Buch gelesen, es gäbe eine Tür am Ende der Welt, dort brauche man nur anzuklopfen und befände sich dann bei Gott. Und sie durchwanderten die Welt, bestanden unzählige Gefahren, erlitten alle Entbehrungen, die eine Wanderung durch die ganze Welt erfordert, und kämpften sich durch alle Versuchungen hindurch, die einen Menschen von seinem Ziel abbringen können. Schließlich fanden sie, was sie suchten. Sie klopften an die Tür. Bebenden Her-

zens sahen sie, wie sie sich öffnete. Und als sie eintraten, standen sie – zu Hause in ihrer Klosterzelle. Da begriffen sie: Der Ort, an dem Himmel und Erde sich berühren, befindet sich auf dieser Erde, an der Stelle, die Gott uns zugewiesen hat. –
Hier schließt sich der Kreis. Wir dürfen uns an der frohen Botschaft des heutigen Tages aufrichten, die uns den Beistand Jesu verspricht für alle Tage bis ans Ende der Welt. Aus dieser Zusage und mit Blick auf unsere große Zukunft können wir uns mit neuer Kraft an unsere täglichen kleinen und großen Aufgaben wagen.
Dahinein passt auch folgende Legende zum Abschluss: Als Christus zum Himmel aufgefahren war, fragten ihn die Engel, wie es denn nun mit seinem Reich auf der Erde weitergehen solle. Christus antwortete: »Ich habe doch meine Jünger auf Erden!« Aber die Engel sahen, wie unbedeutend, wie schwach und verzagt die Jünger waren, und fragten erschrocken: »Herr, hast du denn wirklich keinen anderen, keinen besseren Plan?« Und Christus entgegnete: »Nein – einen anderen Plan habe ich nicht.«

34. Eine Kirche mit Farbe

(6. Sonntag der Osterzeit / Pfingsten / Kirche)

Lesungen
Joël 3,1–5: Ausgießung des Geistes;
Apg 2,1–11: Pfingstereignis;
1 Joh 4,7–10: Gott ist die Liebe;
Joh 14,15–21 (hier: 16–18a): Mein Vater wird euch einen anderen Beistand geben;
Joh 15,9–17: Liebet einander;
Joh 20,19–23: Empfangt den Heiligen Geist!

Symbol/Vorbereitung
Die vier Farben black = Schwarz, cyan = Blau,, magenta = Rot und yellow = Gelb zum Drucken.

Hinführung

Wir sprechen manchmal von der »Mutter« Kirche. Ich schließe die Augen und sehe: Patriarchen, Kirchenväter, Kirchenmänner, große Dome. Etwas stimmt nicht: Mütter sehen anders aus.
Die große Kirche mit Vatikan und Bischöfen ist manchmal so weit weg. Aber die kleine Kirche um die Ecke, da will ich mich wohlfühlen.

Kurzgeschichte

Einleitung: Die Kritik an der Kirche oben und unten ist gerechtfertigt. Nur: Kirche – das sind auch wir!
Ein Christ träumte, er wäre gestorben und ein Engel trüge ihn in die Ewigkeit hinauf. Droben war eine prächtige Kirche. Der Pilger bestaunte mit großen Augen dieses wunderbare Bauwerk. Plötzlich aber entdeckte er im Gewölbe eine Lücke. Offenbar fehlte da ein Stein.
So sprach er zu dem Engel: »Was ist denn das für eine hässliche Lücke?« Dieser antwortete: »Das ist die Lücke, die *du* gemacht hast. Gott hatte gerade dich bestimmt, diese kleine Stelle auszufüllen. Du hattest aber immer andere Dinge im Kopf, sodass du nie dazu gekommen bist, diese deine Pflicht, die Gott dir zugemutet hat, zu erfüllen.«
Darüber wachte der Mann auf, ließ nun das Klagen und Schimpfen über all die Unzulänglichkeiten in der Gemeinde Gottes bleiben und arbeitete künftig fröhlich mit. Er wollte seine Lücke am Tempel Gottes füllen.

Ansprache

Wer einen Computer hat, hat meist auch einen Farbdrucker danebenstehen, der es ermöglicht, Fotos oder selbst gestaltete Karten farbig auszudrucken.
Hier zeige ich vier Farben für den Drucker *(L. zeigt sie).* Heute muss ja alles in Englisch sein. Also hier black = Schwarz, cyan für Blau, magenta für Rot und yellow für Gelb. Sie sind eingeladen, ein farbenfrohes Bild von der Kirche zu entwerfen, denn es hieß eben im Evangelium: »Der Vater wird uns einen Beistand geben, den Geist der Wahrheit.« Und der müsste sich in der Kirche besonders zeigen – seit Jahrhunderten.

1. Zuerst also die *schwarze* Farbe. Es gibt Unverrückbares, zum Beispiel das Glaubensbekenntnis. Da gibt es nichts zu diskutieren. Schwarz meint aber auch eine feste Ordnung und Organisation. Die Ämter und Dienste brauchen eine feste Kontur. Auch Geld, denn das alles kostet: die Gebäude, die Verwaltung. Selbst ein Pfarrbüro kann heute nicht auf PC, Internet, Kopierer und Drucker verzichten. Allerdings erwarten wir ein Amt, das zuhören kann: von Oben nach Unten und umgekehrt. Sonst ist die Kirche der letzte Saurier, der nicht mehr in die Zeit passt und ausstirbt.
2. Dann die Farbe cyan, *Blau:* Sie steht für Glaube und Treue; sie ist auch die Farbe von Maria, die gezeigt hat, was möglich ist, wenn nur Vertrauen auf Gott da ist. Menschen mit Glauben erfüllen diese Gebäude mit Leben – in der Bereitschaft, anderen die Füße zu waschen, also zu dienen: im Kirchenvorstand oder Verwaltungsrat, im Pfarrgemeinderat, als Begleiter der Kommunionkinder und Ministranten, der Firmbewerber; in Liturgiekreisen, bei der Vorbereitung von Kleinkinder-, Familien- und Jugendgottesdiensten; zuverlässige Ministranten und Chormitglieder. Wir brauchen auch alle, die Sonntag für Sonntag hierher kommen.
3. Dann magenta, die *rote* Farbe: Sie steht für das Herz der Kirche; für alle, die Feuer und Flamme sind in ihrem Bekenntnis – und abschütteln können, dass sie in der Schulklasse oder am Arbeitsplatz belächelt werden, weil sie noch zur Kirche halten. Rot steht auch für die Flamme des Heiligen Geistes, der Kirche in Bewegung halten will, denn ein Leib ohne Seele ist ein Leichnam. »Daran werden alle erkennen, dass ihr meine Jünger seid: wenn ihr einander liebt« (Joh 13,35). Also auch Einsatz zeigen, Caritas leben für Gerechtigkeit und Frieden in der Welt, auch in Kollekten.
4. Zum Schluss die yellow-Patrone, die *gelbe* Farbe. (Und wenn ich Grün brauche, Kinder, was macht der Drucker dann?: Er mischt Gelb und Blau.) Gelb steht für die Sonne, die uns besonders in Jesus Christus aufgeleuchtet ist. Darum sind alle Kirchen nach Osten ausgerichtet, dem Aufgang der Sonne entgegen. Zum Gelb gehört, dass wir den Himmel mit seiner Herrlichkeit immer in den Blick nehmen.

Das meint auch das Vertrauen auf die Mächte des Himmels im Gebet: Wenn Menschen pilgern, wenn Christen sich hier zum Gebet für den Frieden, zur Früh- oder Spätschicht, zur Vesper versammeln, zum Bibelkreis, zu den Messfeiern …, dann wird die Gemeinschaft der Heiligen spürbar, wozu auch die Verstorbenen gehören.

Ihr seht, alle vier Farben zusammen ergeben das bunte Bild der Kirche, die missionarisch, farbenfroh, dynamisch sein muss, um Menschen – und das meint nicht nur junge – heute noch anzusprechen.

Und wenn sich Gelb, also das Gebet, mit dem Blau des tatkräftigen Glaubens mischen, dann leuchtet Grün auf, die Hoffnung auf das Reich Gottes, das schon jetzt mitten unter uns sein kann.

(L. stellt die Farben vor oder auf den Altar)

NACH REINHOLD STECHER

Alternativ: Sprechspiel

Symbol/Vorbereitung

Die Umrisse einer Kirche sind gemalt. Die Kirchenskizze ist innen weiß; unterhalb der Kirche das Bild grün einfärben, oberhalb blau. Die Zeichen, die in sie hineingeklebt werden – Gesicht, Glut, Herz, Blutstropfen, Sonne, Tuch und Faden –, sind rot.

Sprechspiel

L.: Ihr seht an der Wand die blasse, farblose Kirche. An Pfingsten wurde ihr der Heilige Geist eingehaucht: Sie bekam Farbe – rote Farbe, rot wie das Messgewand des Priesters an diesem Tag. Einige Sprecherinnen und Sprecher werden uns das jetzt genauer sagen.

1.: *(zeigt ein gemaltes rotes Gesicht)* Rot ist eine lebendige Farbe. Wenn es uns schlecht geht, sind wir bleich. Sind wir wieder auf dem Weg der Besserung, dann kehrt die rote Farbe in unser *Gesicht* zurück. Wir werden blass, wenn wir eine schlechte Nachricht erhalten. Wenn wir uns freuen, leuchten unsere Wangen rot.

Rot ist eine lebendige Farbe. So lässt auch der Heilige Geist die Kirche »rot« werden. Wo der Geist Gottes weht, da leuchtet die Kirche, da ist sie lebendig.

(Das Gesicht in die farblose Kirche hängen. Übrigens: Vielleicht muss sich die Kirche auch manchmal schämen, denn wir werden ja auch dann rot.)

2.: *(zeigt gemalte rote Glut)* Rot ist eine warme Farbe. *Glut* ist rot. Sie wärmt uns. Die Glut eines Lagerfeuers oder im Kamin gibt uns Geborgenheit. Die Glut strahlt ihre Wärme nach außen. Wir werden von ihr angezogen. Wenn wir uns der Glut nähern, beginnen wir selbst schon zu glühen.

Rot ist eine warme Farbe. Der Heilige Geist macht die Kirche glutrot. Wo der Geist Gottes weht, da glüht die Kirche. Da wärmt sie den, der die Wärme braucht, und schenkt ihm Geborgenheit. Da zieht sie die Menschen an. *(Die Glut in die Kirche hängen)*

3.: *(zeigt ein rotes Herz)* Rot ist eine herzliche Farbe. Das rote *Herz* ist ein Zeichen der Liebe. Wer liebt, der verschenkt sein Herz, der verschenkt das, was ihn am Leben erhält, der verschenkt sich selbst. Das Herz des Liebenden schlägt schneller. Es lässt ihn handeln, ohne nach den Folgen für ihn selbst zu fragen. Es lässt ihn handeln, ohne zu fragen: »Was bringt mir das?«

Rot ist eine herzliche Farbe. Der Heilige Geist macht die Kirche herzlich. Wo der Geist Gottes weht, da liebt die Kirche. Da verschenkt sie sich. Da handelt sie ohne Rücksicht auf ihr Ansehen. Da handelt sie, ohne nach Nutzen und Risiko für sie selbst zu fragen. *(Das Herz in die Kirche hängen)*

4.: *(zeigt einen großen Blutstropfen)* Rot ist auch eine blutige Farbe. Wenn wir verletzt werden, dann bluten wir. Wir verlieren die Farbe. Wir werden farblos, leblos. Manchmal verletzen wir selbst andere, sodass sie bluten. Oder wir sehen einen Verletzten und sagen: »Ich kann kein *Blut* sehen!« und gehen weiter. Es gibt viele Verletzte – überall. Die Erde selbst blutet.

Rot ist auch eine blutige Farbe. Teuflische Geister färben die Erde blutrot: Hass, Unterdrückung, Habgier, Machtstreben, aber auch

Bequemlichkeit, Hektik und selbst geschaffene Taub- und Blindheit. Im Großen wie im Kleinen. Wo diese Geister wehen, da blutet die Kirche aus. Da gibt sie – beinahe – ihren Geist auf. Doch auf Dauer lässt sich der Heilige Geist nicht unterdrücken. Die Geschichte zeigt: Immer wieder ist das Blut der Märtyrer Same für neue christliche Bewegungen. *(Den Blutstropfen unten an oder in die Kirche hängen)*

5.: *(zeigt eine Sonne)* Rot ist eine morgendliche Farbe. Leuchtend rot ist die *Sonne*, wenn sie aufgeht. Immer wieder ist das ein einzigartiges Schauspiel. Nach ihrem Untergang erhebt sie sich wieder aus dem Dunkel der Nacht. Ein neuer Tag beginnt – mit neuen Möglichkeiten, voller Hoffnung. Wir genießen den Aufgang der Sonne. Frisch und voll Tatendrang begrüßen wir den neuen Tag.
Rot ist eine morgendliche Farbe. Der Heilige Geist stimmt die Kirche morgendlich rot. Wo der Geist Gottes weht, da ersteht die Kirche täglich neu. Da ist sie frisch und hoffnungsvoll. Da schöpft sie neue Kraft nach und vielleicht aus dem Untergang. Da drängt sie zum Handeln – wie am ersten Tag. *(Die Sonne ins Bild hängen)*

6.: *(zeigt ein rotes Tuch)* Rot ist eine aufreizende Farbe. Auf Rot reagieren wir oft gereizt. Der Torero reizt den Stier mit einem roten *Tuch*. Er zeigt seinen Mut: »Stier, du kannst ruhig kommen, ich habe keine Angst vor dir!« Rot warnt auch und zeigt Grenzen auf. Die rote Ampel, das Stoppschild – sie sagen: »Bis hierher und nicht weiter!« Hierauf reagieren wir oft gereizt – wie der Stier auf das geschwenkte rote Tuch.
Rot ist eine aufreizende Farbe. Der Heilige Geist macht die Kirche zum »roten Tuch«. Wo der Geist Gottes weht, da ist die Kirche unbequem. Da reizt sie. Da schwimmt sie nicht auf der Welle der Mode. Da zeigt sie Mut und sagt auch das, was niemand hören will. *(Das Tuch in die Kirche hängen)*

7.: *(zeigt einen dicken roten Faden/Kordel)* Rot ist eine beständige Farbe. Die rote Farbe lässt sich nicht so leicht überstreichen. Immer wieder schimmert sie durch. Einmal da, ist sie nicht mehr wegzudenken. Rot ist eine beständige Farbe. Der Heilige Geist macht die Kirche beständig. Er ist der *»rote Faden«* in ihrer Geschichte – mal leuchtend, mal weniger deutlich zu sehen. Wo der Geist Gottes weht, da bleibt die Kirche lebendig, glühend, herzlich, morgendlich und aufreizend – gegen alles Blutige in der Welt. *(Den Faden in die Kirche hängen)*

ULRIKE FELL, BERGHEIM/RHLD.

35. Hausputz in der Kirche

(Pfingsten – Am Vorabend / Kirche)

Symbol/Vorbereitung

Verschiedene Reinigungsmittel, Besen, Schwamm o.Ä.

Lesungen

Joël 3,1–5: Ich werde meinen Geist über euch ausgießen;
Apg 2,1–11: Pfingstereignis;
Joh 7,37–39: Ströme lebendigen Wassers werden fließen;
Joh 20,19–23: Empfangt den Heiligen Geist.

Ansprache

In einer christlichen Zeitschrift war folgende Karikatur zu sehen: Im gesamten Kirchenschiff steckte ein überdimensionaler Flaschenputzer. Das könnte man so deuten: Der Heilige Geist hat an Pfingsten Hausputz zu halten. Greifen wir doch einmal diese Idee auf und veranstalten eine Großreinigung:

1. Da muss mal wieder kräftig *gelüftet* werden. Es gibt so vieles, was unsere Jugend nicht mehr akzeptieren kann und weshalb sie sich von der »Kirche« abgewandt hat. Und: Warum diese Unfreiheit und Bevormundungen? Warum kann man nicht frei über den Zölibat reden? Wieso werden Lesben oder Schwule ausgegrenzt? Ziehen Sie sich von Ihrer Tochter oder Ihrem Sohn zurück, wenn er oder sie sich als gleichgeschlechtlich »outet«? Wir werden uns vielleicht in ein paar Jahren kopfschüttelnd wundern, dass Kirche bis zum heu-

tigen Tag hier noch über »Sünde« sprach und sich auf diese Art ins Abseits stellte. Papst Franziskus fordert »Schlupflöcher der Barmherzigkeit«, da dies der Haltung Jesu entsprach, der zum Beispiel auch mit Sündern, Zöllnern und Ehebrechern Umgang hatte und mit ihnen zu Tisch saß. Ein Mörder erfährt Barmherzigkeit, wiederverheiratete Geschiedene nicht? Das soll nicht heißen, dass die Unauflöslichkeit der Ehe in Frage gestellt werden soll! Es geht um Barmherzigkeit!

Jedes dieser Probleme ist allerdings eine Gratwanderung: Was ist Bevormundung? Was ein Schatz, den es zu hüten gibt?

2. Bei einer Großreinigung kräftig *abstauben*. Es gibt manchmal eine Kirchensprache, die einen die Augen verdrehen lässt. So erlebt in einer Heute-Show, die Kardinal Meisners Abschiedsgottesdienst aus dem Kölner Dom zeigte. Er sang einen Präfationstext der Fastenzeit: »... Er macht die teuflische List des Versuchers zunichte und lässt uns die Bosheit des Feindes durchschauen.« Aber dann zog der Moderator, Oliver Welke, die Augenbraue hoch, als folgender Satz zu vernehmen war: »Er gibt uns die Kraft, den *alten* Sauerteig zu entfernen.« Verstehen wir diese Aussage noch? Oder das Wort »Jammertal« in manchen Liedern, auch des neuen Gotteslobes: Was heißt Jammertal? Viele finden die Erde so schön, dass sie überall hinreisen möchten. Manche vergessen darüber sogar das Paradies. (Also besser in Zukunft an der Stelle »Erdental« singen!) Oder nicht nur in GL 535 Segne du, Maria: »*Süße* Trostesworte« (Str. 2), »Deine Hand, die *linde* ...« (Str. 3). Wie sollen wir solche Texte noch an Jugendliche vermitteln!?
3. Ein Muss ist auch das *Fensterputzen*. Stumpfe, schmutzige Scheiben verhindern den Durchblick auf eine Welt, die mit Herz-Jesu-, Mai- oder Rosenkranzandachten kaum noch etwas anfangen kann. Wir stehen in der Gefahr, jetzt diese Welt als »heruntergekommene« anzusehen, die schon merken wird, wie sie in Sackgassen landet. Das erinnert mich an eine Geschichte, in der sich eine Hausfrau über die wenig saubere Wäsche in Nachbars Garten aufregte, bis eines Tages in ihrem Haus neue Fenster nötig wurden und sie merkte, dass ihr

Nörgeln über die Wäsche von nebenan nur an ihren blinden Scheiben lag. Wir können doch bewundernd in dieser Welt um uns herum so viel Positives entdecken: die Hospiz-Idee, die Tafeln – oder was die Vereine des Ortes noch an Gemeinschaft vermitteln *(hier Genaueres nennen)* – und natürlich die Aktion »Fridays for Future« der Jugendlichen.

»Fenster putzen« und damit besseren Durchblick erlangen, was heutzutage wieder eine Chance bietet, das Wort Gottes besser »unter die Leute zu bringen«!

4. Und schließlich: *Entrümpeln!* In den fünfziger Jahren des vorigen Jahrhunderts wurden wertvolle Kunstgegenstände entsorgt. Heute kann man das oft nicht mehr nachvollziehen. Aber einmal rundgehen hinter dem Altar oder in den verborgenen Winkeln einer Kirche und Überflüssiges wegräumen, das wäre doch an der Zeit. Damit meine ich natürlich nicht in erster Linie das ganz praktische Räumen – obwohl dies in mancher Kirche und mancher Sakristei durchaus einmal nötig wäre –, sondern vor allem die in ihrer Zeit verhafteten alten »Lehren«, die der heutige Mensch ja kaum noch versteht.

Wenn wir jetzt die ganze Zeit ziemlich radikal gedacht haben, läge die Idee doch nahe: Sollten wir mit dem Hausputz nicht in unserem eigenen Lebenshaus beginnen und neuen Glanz in *unser* Christsein bringen? Oder: Könnten wir nicht Mitglied der »Putzkolonne« des Heiligen Geistes werden und für die überörtliche Kirchensäuberung an die Öffentlichkeit gehen?

Komm, Heiliger Geist, kehr bei uns aus – und ein!

TEILWEISE NACH WOLFGANG RAIBLE, IN: »ANZEIGER FÜR DIE SEELSORGE«, JUNI 2014

Zeit im Jahreskreis

36. Mir ist alle Macht gegeben
(Dreifaltigkeitssonntag, bes. Lesejahr B)

Vorbereitung/Symbol
Eine Hand oder eine getöpferte Hand, in die sich ein Kind kuschelt.

Lesungen
Dtn 4,32–34.39–40: Mit starker Hand hat er euch aus Ägypten geführt;
Mt 28,16–20: Mir ist alle Vollmacht gegeben.

Ansprache
Gerade hieß es: »Tauft alle Völker auf den Namen des Vaters und des Sohnes und des Heiligen Geistes!« Daran erinnern wir uns zu Beginn jedes Gottesdienstes und beginnen: Im Namen des Vaters und des Sohnes und des Heiligen Geistes.
Auch wenn wir dieses große Geheimnis nicht verstehen, haben Menschen immer wieder darüber nachgedacht und Erklärungen gesucht: Wie kann das sein, drei Gestalten und doch *ein* Gott? Und sie kamen dabei auf tolle Ideen, zum Beispiel: Das *eine* Wasser begegnet uns doch in *drei* Gestalten: als Wasser, als Dampf und als Eis. – Oder: Gott Vater ist die Sonne, die Strahlen weisen auf Jesus hin, und da, wo die Strahlen auf unseren Körper treffen, was wir oft genießen, ist der Heilige Geist. Heute möchte ich mutig noch ein anderes Bild verwenden: Manchmal ist die Erdkugel so abgebildet, dass sie von zwei großen Händen getragen wird. Ähnlich das Bild: Eine große Wolke, aus der heraus sich eine Hand hebt, die Hand Gottes.
Die Hand *(L. zeigt sie)* ist ein großartiges Symbol: Wird ein Mensch geboren, dann wird das winzige Baby Mutter und Vater in die Hände gelegt. Und beide staunen glücklich und dankbar auf das größte Geschenk, das Menschen zuteilwerden kann. Später ist es auch schön anzusehen, wenn das Kind an der Hand der Mutter, des Vaters oder der Geschwister

Laufen lernt, Halt sucht und sich auch gerne in deren Hände und Arme einkuschelt. Wenn ich das auf Gott übertrage, heißt das: Wir kommen aus der großen Hand Gottes und fallen am Ende des Lebens wieder zurück in seine große Hand. Das besingt auch schon der deutsche Text eines alten Spirituals: »Er hält das Leben in der Hand«, und zum Schluss heißt es: »Er hält uns alle in der Hand.«
Und wie ist das mit Jesus, der zweiten Person in Gottes dreifaltiger Fülle? Jesus legt den Kindern zärtlich die Hände auf; Jesus erfasst Kranke mit seiner Hand und richtet sie auf; Jesus streckt dem sinkenden Petrus seine Hand entgegen; Jesus hält seine Hand über die Frau, die alle steinigen wollen. Er machte stark durch seine Nähe.
Wo aber bleibt dabei der Heilige Geist?: Er zeigt die Wirkung von dem, was Jesus tut: Sonnenstrahlen, die auf der Haut zu spüren sind. Drei Beispiele, die diese Wirkung zeigen:
Eine Frau sitzt im Lift fest. Die Reparatur dauert, und der Hausmeister fragt besorgt: »Sind Sie allein?« »Nein, nicht allein!«, sagt sie. Aber als sich endlich die Tür öffnet, schaut der Hausmeister verwundert: »Sie sagten doch, sie seien nicht allein?« »War ich auch nicht«, antwortet die Frau ruhig und lächelt ein wenig, »Gott war bei mir!«
Oder: Von einem berühmten Mann des Mittelalters, Meister Eckhart, wird erzählt, dass er einen armen Bettler vor einer Kirche mit den Worten begrüßte: »Gott schenke dir einen guten Tag!« Und der Bettler antwortete: »Ich hatte noch nie einen schlechten!«
Erstaunt fragt der Meister nach und bekam zur Antwort: »Ich habe gelernt, so zu leben, dass ich mich immer in den großen Händen Gottes geschützt fühle – ob es regnet oder schneit, ob ich friere oder mich an den Sonnenstrahlen erfreue: Ich danke Gott in Freude und Schmerz. Dann wird es ein guter Tag.«
Und noch ein drittes Beispiel aus Japan: Von einer hohen Klippe stürzten sich immer wieder verzweifelte Menschen ins Meer, weil sie nicht mehr leben wollten. Ein älterer Mann hatte sich vorgenommen, möglichst oft dorthin zu gehen, um sie davon abzuhalten. Er erzählt: »Bald schon hatte ich ein Gefühl dafür, ob einer die tolle Aussicht genießen oder in den Abgrund springen wollte. Auf Letztere ging ich zu, grüßte

sie und sagte: ›Ich vermute, Sie haben im Leben schon viel Leid ertragen müssen.‹ Dann fingen die Betroffenen meist an zu weinen, und ich begann mit ihnen ein Gespräch, um sie auf andere Gedanken zu bringen.« Das Wirken des dreifaltigen Gottes: Wir sind nie allein. Er will seine geliebten Kinder begleiten, bis wir wieder in seine großen Hände fallen.
(L. stellt die Hand gut sichtbar auf den Altar)

37. Vom Brot des Lebens
(Fronleichnam / Eucharistie)

Symbol/Vorbereitung
Ein frisch gebackenes, großes Brot gut sichtbar hinlegen.

Hinführung
In einem Land, in dem es hunderte von Brotsorten gibt, stehen wir in der Gefahr, die einfachen Dinge des Lebens zu übersehen. Dabei können wir schon an einem einzelnen Getreidekorn das Geheimnis ablesen, wie wir im Leben zufrieden und glücklich werden: indem wir uns verschenken!

Lesung aus dem Buch Exodus
Einleitung: Wir hören, wie Gott seinem Volk in der Wüste zeigte, dass er mit ihm ging.
Die Israeliten atmeten auf. Das Rote Meer lag hinter ihnen. Die Ägypter waren keine Gefahr mehr. Aber vor ihnen lag die weite Wüste. Die ganze Halbinsel Sinai. Kaum ein Strauch. Kein Kraut. Kein Tier. Nichts Essbares – dann die Hitze! Schon nach kurzer Zeit waren alle Vorräte weggegessen. Einer nach dem anderen bekam Hunger. Und Hunger ist furchtbar. Der ganze Körper schrie: Ich muss etwas zu essen haben, sonst breche ich zusammen! Und die Leute, die Israeliten, schimpften auf Mose: »Wir hätten in Ägypten bleiben sollen. Da waren wir zwar Sklaven und wurden schlecht behandelt, aber wir hatten wenigstens genug zu essen. Die Töpfe waren voll. Mose hat uns nur hierhergebracht, damit

wir in dieser Wüste vor Hunger sterben!« Und sie wurden immer wütender.

Da rief Mose in seiner Not Gott um Hilfe an. Und Jahwe sprach: »Das ist ein undankbares Volk. Aber ich bin mit euch. Ihr sollt erfahren, wie ich euch helfe und euch nicht aufgebe.« Und schon am Abend geschah es: Ganze Schwärme von Vögeln, von Wachteln (stellt euch eine Art Feldhühner darunter vor; man kann sie heute noch dort beobachten), fielen ermattet vom Flug auf den Boden und ließen sich mit den Händen einfangen. Da hatten die Israeliten Fleisch.

Und am nächsten Morgen lag etwas unter Sträuchern auf dem Boden, rund und klein. Das konnte man essen. Es schmeckte wie Brot und Honig. Und die Israeliten sagten: »Man hu = Was ist das?« Und deshalb nannten sie das Brot Manna. Jeden Morgen fanden sie es. Tagelang fanden sie es, monatelang, jahrelang. Da wussten die Israeliten: Gott ist mit uns. Er lässt uns nicht im Stich. Er gibt sein Volk nicht auf.

FÜR KINDER FORMULIERT NACH EX 16; AUCH: 1. LESUNG, 18. SO I.J. B.

Evangelium

1 Kor 11,23–26: Er brach das Brot;

Mk 14,12–16.22–26: Dann brach er das Brot;

Joh 6,30–35: Wir hören vom wahren Brot des Lebens;

Joh 6,51–58: Ich bin das lebendige Brot.

Ansprache

Die großen Weisheiten des Lebens sind oft ganz einfach. So hat der Schweizer Schriftsteller Gottfried Keller (1819–1890) einmal von dem Brot erzählt, das nicht gegessen werden wollte:

Es war einmal ein wunderschönes, frisches Brot, braun und knusprig und herrlich duftend. Es lag in einer Bäckerei auf dem Regal, und alle anderen Brote bewunderten es. Das Brot dachte: »Ich bin das allerschönste Brot, das es je gegeben hat. Und ich soll verkauft werden und in so einer scheußlichen Einkaufstasche verschwinden, um zerschnitten und aufgegessen zu werden? Das wäre doch jammerschade!«

Jedes Mal, wenn die Bäckersfrau ein Brot vom Regal nahm, duckte es sich geschickt zur Seite und blieb liegen. Einmal brauchte die Bäckersfrau eine Schachtel und zog unter dem Regal eine Schublade auf. Als sie sich umwandte, sprang das schöne Brot – schwupp – vom Regal in die Schublade. Die Bäckersfrau hatte nichts bemerkt und stieß die Schublade mit dem Fuß zu. »Ein Glück«, dachte das Brot, »jetzt bin ich gerettet. Hier findet mich keiner.«

In der Schublade lagen Tüten und verschiedene Schachteln. Als die sich vom Schreck erholt hatten, raschelten und wisperten sie, tuschelten und knisterten: »Ach, was ist das doch für ein wunderhübsches Brot! So ein feines, braunes, knuspriges Brot haben wir noch nie gesehen. Und wie das so herrlich duftet! Hm, wie lecker das ist!« Sie drängten sich um das Brot; jeder wollte dicht bei ihm sein.

Am nächsten Tag hatte die Begeisterung schon nachgelassen. Die Tüten und Schachteln tuschelten bereits wieder über andere Sachen. Und nach einer Woche war das Brot auch längst nicht mehr so schön wie anfangs. Seine knusprige Kruste wurde matt und welk; der frische Duft war verflogen.

Nach zwei Wochen fing das Brot an zu schimmeln. Die alten Tüten und Schachteln krochen angewidert in die hinterste Ecke und knisterten beleidigt: »Pfui, wie das stinkt! Eklig ist das! Der Schimmel wird uns noch anstecken, widerlich! Wärst du doch bloß verkauft worden, du blödes Brot! Jetzt kommen wir deinetwegen alle um. O weh, o weh!«

Nach einem Monat zog die Bäckersfrau die Schublade wieder einmal auf, weil sie eine Schachtel brauchte. Entsetzt fuhr sie zurück: »Pfui Teufel, das ist ja widerlich, igitt, igitt, igittigitt! Wer hat denn das Brot in die Schublade gelegt? Wie das stinkt! Und die Tüten und Schachteln sind auch alle verschimmelt und verdorben.« Sie zog die Schublade ganz heraus, trug sie weit von sich gestreckt nach draußen und kippte alles in die Mülltonne. »Weg mit dem ekligen, muffigen Zeug!« Dann schrubbte sie die Schublade, immer noch vor sich hinschimpfend, gründlich aus. Der Schimmel von dem Brot, das nicht gegessen werden wollte, sollte nicht auch noch auf die anderen Brote kommen und sie verderben.

Das ist die große Weisheit des Lebens: Erst wer sich hingibt, der empfängt! Wer sich nicht im Beruf und in der Familie an die anderen verschenkt, der verdirbt wie das Brot, das nicht gegessen werden wollte. Das Leben bekommt nur Sinn im Teilen. Haben und Behalten-Wollen schafft kein Leben. Das gilt immer und überall. Wenn Wein nicht getrunken werden will, wird er zu Essig. Wenn eine Kerze nicht brennen will, wird sie mit der Zeit unansehnlich.

Nochmals: Unser Leben bekommt erst Sinn im Teilen! Auf diesem Hintergrund lässt sich auch gut Halloween und St. Martin beurteilen. Halloween soll bösen Geistern Angst machen. Und anschließend: Wenn ich nichts bekomme, dann schlage ich hier was kaputt! St. Martin aber möchte zum Teilen animieren: Wenn du mit einem teilst, berührst du seinen göttlichen Funken, kannst du Jesus selbst berühren, der zum Brot des Lebens für diese Welt wurde. Dieser Jesus möchte auch uns in ein erfülltes und sinnvolles Leben führen. Das hat Nelson Mandela, der große Staatsmann aus Südafrika (1918–2013), einmal sehr schön und treffend umschrieben, als er sagte: »Wir kommen aus dem glühenden Backofen der Liebe, aus dieser Herrlichkeit Gottes, die in uns liegt. Wir wurden gebacken bzw. geboren, um diese Herrlichkeit, um diese Liebe in die Welt zu bringen.«

Jesus, das Brot des Lebens, ist uns von Gott geschenkt. Wir dürfen von ihm essen, um uns dann selbst hinzugeben und zu teilen. Das ist der Sinn unseres Lebens, der uns wirklich erfüllen und froh machen kann.

38. Du bist ein Segen
(Christsein leben / Taufe)

Symbol/Vorbereitung
Ein Weihwasserkesselchen zum Vorzeigen.

Hinweis
In der Predigt wird vorgeschlagen, auch die Banknachbarn mit einem Kreuz auf der Stirn zu segnen. Das könnte die eindrucksvollste Stelle

des Gottesdienstes werden, kann aber auch einigen Unbehagen bereiten, wenn sich die Gemeinde schon mit dem Händereichen während des Friedensgrußes schwertut.

Hinführung

Jeder und jede von uns kann ein Segen sein. Wir kennen das doch: Gute Worte nehmen Ängste, die Gesichtszüge lockern sich zu einem Lächeln oder Dank. Dagegen böse Worte: Sie beschäftigen uns lange. Sie bleiben manchmal wie ein Fluch an uns hängen. Also: Ein Segen sein!

Lesungen

Gen 12,1–4: Gott spricht zu Abraham: Ein Segen sollst du sein;
Gen 32,27–29: Der Fremde segnet Jakob;
Eph 1,3.5–6: Der Apostel Paulus schildert die Menschwerdung Jesu als ein Hereinbrechen des Segens Gottes in unsere Welt;
Lk 1,39–45 (hier: 39–47): Elisabeth rief: Gesegnet bist du unter den Frauen und gesegnet ist die Frucht deines Leibes.

Ansprache

(Mit einem Weihwasserkesselchen) Nicht nur seit der Taufe ist jeder von uns ein Segen. Aber manchen ist diese göttliche Chance verloren gegangen, sich und andere zu segnen. Dabei ist die Sehnsucht danach ungeheuer groß. Wie oft wünschen sich Eltern, dass ihr Baby nach der Geburt gesegnet wird, oder Paare wünschen sich am Valentinstag die Segnung ihrer Liebe. Denken wir an den Blasiussegen oder an den Kindersegen in der Weihnachtszeit. Auch über Gegenstände wie zum Beispiel Kerzen oder Rosenkränze oder das neu gebaute Haus wird ein Segen gesprochen. *(Bekannte Beispiele aus der Gemeinde nennen)* Häufig werden auch Ringe von Lebenspartnern gesegnet, die nicht mehr als Brautleute an den Altar treten können! Damit das Miteinander gelingt! Das steht durchaus auf biblischem Boden. Erinnern wir uns an die Jakobsgeschichte im Alten Testament, an seinen Kampf im Fluss mit dem Unbekannten – eigentlich mit seinem Schatten, der seine Lebenslüge einholt. Und Jakob will ihn nicht loslassen, bis der Fremde ihn gesegnet

hat (Gen 32,27–29). Diese Begebenheit zeigt: Gott segnet auch das Unvollkommene, das Zerbrochene. Segen können wir gerade da empfangen, wo wir am Ende sind.

Das darf jeder Seelsorger, jede Seelsorgerin erfahren, wenn er oder sie Kranken die Hände auflegt und sie segnet. Diese Art des Segens in einer zärtlichen Berührung ist eigentlich die intensivste Gebärde, in der Gottes Liebe leibhaftig erlebt werden kann. Nicht selten fließen hier Tränen.

Vielleicht sind auch bei Maria die Tränen geflossen, als sie die Segensworte ihrer Verwandten hörte: »Gesegnet bist du unter den Frauen und gesegnet ist die Frucht deines Leibes!« (Lk 1,42)

Jeder von uns steht unter dem Segen Gottes, jeder könnte Gottes wunderbares Werkzeug sein. Warum nur haben wir vergessen, was auch einmal das Motto eines Kirchentages (Berlin) war: »Ihr sollt ein Segen sein!« Darum bitte ich Sie jetzt um etwas, was ungewöhnlich ist, aber was eigentlich in kleineren Kreisen ein Begrüßungsritual sein sollte. Ich darf Sie bitten, das zu tun, was Sie bei der Taufe bei Ihrem Kind oder Patenkind getan haben, um ihm zu zeigen, dass Gott mit ihm ist: Zeichnen Sie sich bitte gegenseitig ein Kreuz auf die Stirn. Ja, ruhig etwas scheu, aber mit einem Lächeln: Du bist ein Segen! Segnen Sie nicht nur Ihre Kinder oder Ihren Partner, nehmen Sie auch alle Banknachbarn unter Ihren Segen … *(Zeit lassen – eventuell noch einmal ermuntern!)*

(L. zeigt das Weihwasserkesselchen) Hängt solch ein Weihwasserkesselchen noch in unserer Wohnung? Um sich beim Bezeichnen mit dem Kreuz morgens oder abends zu sagen: Ich nehme von der Quelle Gottes, vom Geschenk Gottes, von seiner Gnade. Ich möchte dankbar sein und durchlässig werden für seine Ströme, die ich weitergeben darf.

Wo üblich, ergänzen: Hinten *(Ort nennen!)* in der Kirche steht immer Weihwasser zum Mitnehmen. Es ist nie zu spät, diese gute Tradition wieder aufleben zu lassen und öfter zum Segen zu werden.

Können Sie sich noch an Ihre Mutter oder Großmutter erinnern, wenn sie das Brot vor dem Anschneiden segnete oder uns Kinder vor dem Einschlafen oder wenn wir aus dem Haus gingen? Sie wollte damit sagen: Gott hält seine gute Hand über dich. Du bist von Gott gesegnet!

Und darum geht es, entdecke wieder: Du bist ein Segen! Damit die Liebe Gottes in jedem Haus erfahrbarer wird.

NACH ANSELM GRÜN, DU BIST EIN SEGEN

Feierlicher Schlusssegen

Der barmherzige und gute Gott segne euch!
Er umhülle euch mit seiner liebenden und heilenden Gegenwart.
Er sei mit euch, wenn ihr arbeitet und ausruht,
wenn ihr fortgeht und wiederkommt.
Er behüte euch auf allen Wegen:
Er stütze euch, wenn ihr euch schwach fühlt;
er tröste euch, wenn ihr euch allein meint.
Er erfülle euch mit Liebe und innerem Frieden.
Das gewähre euch der gute Gott:
der Vater und der Sohn und der Heilige Geist!

39. Vom Geheimnis des Lichtes (Christsein leben)

Symbol/Vorbereitung

Eine schöne Kerze; Streichholz zum Anzünden.

Lesungen

Jes 58,7–10: Dann geht im Dunkeln dein Licht auf …;
2 Kor 4,6–11 (hier: V. 6:) Ihr seid das Licht der Welt;
Mt 5,13–16 (hier: 14–16): Ihr seid das Licht der Welt!

Ansprache

(L. zeigt die Kerze) Sehen Sie mal diese schöne Kerze! Zünde ich sie an oder lege ich sie wieder in die Schachtel zurück?
Ich zünde sie an *(L. tut es).* Das ist ihre Bestimmung, das ist ihr Sinn. – Das ist auch der Sinn unseres Lebens: dass wir uns verzehren, um Licht zu geben und nicht nur schön anzusehen sind.

Eine siebenfache Botschaft darf ich mit dieser Kerze verbinden. Und sie leuchtet dabei auch mitten in unser Leben:

1. Die Kerze brennt lautlos. So kommt auch Gott immer wieder leise in unsere Welt. – Unsere wichtigsten Zeiten brechen an, wenn wir in die Stille eintauchen.
2. Lebendig, ja fröhlich flackert die Kerze manchmal. So verbreitet sie Helligkeit und Freude. Und schon dieses kleine Licht ist stärker als alle Finsternis der Welt! – So zaubert auch ein Wort der Liebe und Freude ein helles Licht in das Gesicht derer, denen wir begegnen.
3. Eine wohltuende Wärme geht von der Kerze aus. Es wird heimelig im Raum; Geborgenheit breitet sich aus. – Mit Wärme und liebevoller Ausstrahlung entkrampfen wir jedes Gesicht.
4. Unten am Docht ist ständig Wandlung: Das Wachs schmilzt hin ins Licht. So wirkt die Liebe dynamisch, immer neu, immer anders, manchmal überraschend. Vor allem die Liebe Gottes zeigt sich so. – Auch unsere kann so sein.
5. Das Wachs opfert sich ins Licht. Fraglos und einfach verschenkt es sich. Es nimmt ab und gibt her. – Nur so funktioniert Liebe: Wir geben uns hin und dürfen erfahren, wie uns das im Innersten zufrieden macht.
6. Das Licht strebt nach oben, das Wachs nimmt ab nach unten. – Auch wir streben nach oben, zum Himmel: Unsere Materie nimmt ab, die Seele folgt ihrer eigentlichen Bestimmung.
7. Letztlich sehen wir die Kerze als ein schönes Geheimnis. – Auch wir sind im Licht aufgehoben und geborgen und können unsere Angst loslassen. Auch Gottes Licht bleibt letztlich ein Geheimnis. Und es ist ebenso für unser Gegenüber wichtig, dass wir selbst nicht gänzlich durchleuchtet werden, sondern ein Geheimnis bleiben. Zum Suchen und Finden.

(L. stellt die brennende Kerze auf den Altar)

VERÄNDERT NACH GEDANKEN VON AXEL KÜHNER, VOLLER FREUDE UND GELASSENHEIT. 365 ANDACHTEN

40. Wirkung zeigen!
(Hoffnung / Gemeinschaft)

Symbol/Vorbereitung

Das Newton Pendel (s. Zeichnung Marina Schlang).

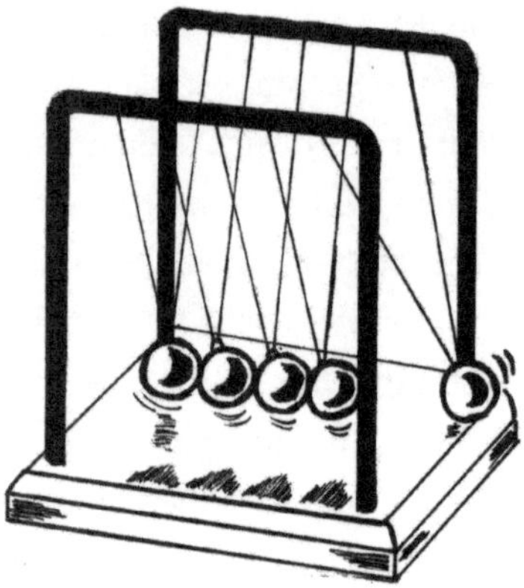

Hinweis

Schon das Klick-Klack der aufeinandertreffenden Stahlkugeln lässt die Zuhörer/innen besonders aufmerksam werden.

Lesungen

Mt 7,7: Bittet und es wird euch gegeben;
Mt 28,16–20: Geht zu allen Völkern!;
Joh 20,19–23: Empfangt den Heiligen Geist!

Ansprache

Sie sehen hier das Newton Pendel. Isaac Newton lebte vor rund 300 Jahren als großer Mathematiker und Physiker. Er hat uns dieses Pendel hinterlassen. Es spricht für sich:

1. *(L. hebt die Kugel ganz rechts hoch und lässt sie los:)* Sie klickt gegen die nächste Stahlkugel, aber erst die fünfte Kugel ganz links schwenkt es so hoch wie der Impuls am Anfang gegeben wurde.

Man kann dies ganz verschieden deuten: Aus der Physik in unseren Alltag übertragen, kann das sagen: Jeder Gedanke, jedes Wort, jede Tat wirkt weiter. Das muss ich mir klar machen: Schon jeder gute Gedanke, aber auch jeder gemeine Gedanke wirkt in die Welt hinein. Erst recht jedes Wort – ob gut oder böse wirkt weiter. Und besonders jede Tat. Sie kann anstecken.

2. Aber schauen wir genauer hin *(L. wiederholt den Vorgang von eben)*: Sie sehen, nicht die nächste Kugel, die den ersten Impuls abfing, zeigt Wirkung, sondern erst die letzte. Also: Auch wenn ein Gedanke, ein Wort, eine Tat nicht direkt zündet, irgendwo gibt es eine Wirkung, vielleicht sogar verborgen für den, der den Impuls in die Welt gesetzt hat. Das heißt: Ich darf nie an einer Wirkung meines Impulses zweifeln, auch wenn ich nicht direkt einen Erfolg erkennen kann.
   An dieser Stelle darf ich allen danken, die Impulse in unser Pfarrleben geben: Haben Jugendliche eine erfolgreiche Aktion gestartet? Das Sternsingen hat gezündet? Die Karnevalsveranstaltung der kfd oder Kolping hat Freude gebracht? Die Schließung einer Kirche, die schon auf der schwarzen Liste stand, wurde abgewendet? …
3. Wir haben dazu den göttlichen Auftrag *(jetzt auf die entsprechende Evangelienstelle eingehen z.B. »Geht zu allen Völkern!«)*: Die Missionare sind durch die ganze Welt gezogen, die Idee des Hospizes oder der »Tafeln« haben gezündet. *(Beispiele!)* *(L. lässt die Kugeln wieder klicken)*
4. Vor 700 Jahren fragte Thomas von Aquin, ein kluger Kopf des Mittelalters: Wer bewegt die Welt, wer hat den ersten Impuls in diese Welt gesandt, wer war der Urbeweger? Denn dass Bewegung in dieser Welt ist, wird verursacht durch eine unendliche Abfolge von Bewegung: Dass wir uns bewegen können, verdanken wir unserer Mutter und die ihrer Mutter und die ihrer Mutter … Aber ganz am Anfang stand der erste Impuls und den nennen wir: Gott.
5. Die Idee vom ersten Impuls wird heute vielfach nachgeahmt. Zum Beispiel bei der Aktion »Eine Stunde gemeinsam für den Klimaschutz« (Earth Hour) alle Lichter zu löschen; oder die Aktion »Fri-

days for Future«, die sich wie ein Lauffeier verbreitet hat; oder wir beten am Sonntag um 12 Uhr weltweit für den Frieden usw. Glaubt daran: Wenn wir uns vereinen, wird der Impuls in die Welt hinein noch viel stärker.

(L. stellt das Newton Pendel auf den Altar, setzt noch einmal den Impuls der ersten Kugel, und in der Stille lauschen alle auf das weitere Klick-Klack)

41. Vertrauen ist wie ein Stab fürs Leben
(Christsein leben / Vertrauen)

Symbol/Vorbereitung

Ein Wanderstab.

Lesungen

1 Kön 19,8b–9a.11–13a: Elija baut sein Vertrauen zu Gott wieder auf;
Ps 23: Du bist bei mir. Dein Stock und dein Stab geben mir Zuversicht;
Mt 14,22–23: Habt Vertrauen: Ich bin es, fürchtet euch nicht.

Ansprache

Heute habe ich Ihnen diesen Wanderstab *(L. zeigt ihn)* mitgebracht. Er kann im Leben wie ein drittes Bein sein, das an schwierigen Stellen mehr Sicherheit verleiht. Wir können diesem Stab den Namen »Vertrauen« geben.

Zunächst ist so ein Stab wie ein Sprössling, ein Senfkorn, das langsam zum dünnen Baum heranwächst, der mir dann zum Stab und zur Gehhilfe werden kann.

Zuerst brauchen wir dazu das Urvertrauen, das Mutter und Vater schenken. Nur die Kinder, die sich in den ersten Lebensjahren gehalten fühlen, können später selbst halten. Dann kann dieses Vertrauen auch nach innen wachsen: Wenn das Kind die Wärme und das unbedingte Angenommensein der Eltern spürt, wenn die immer gleichen, vertrauenswürdigen Stimmen dem Kind etwas vorlesen. Und dann ist für das Gehaltensein im Glauben ganz wichtig: dass die Mutter und natürlich der

Vater ihre großen Hände um die kleinen Hände legen und mit ihm im Gebet auf Gott schauen. Es lernt: Du bist nie allein. Da ist noch einer! Daraus wächst das große Gottvertrauen, das mich nie allein sein lässt.
Das haben schon viele Menschen schätzen gelernt. So schrieb der große Philosoph Immanuel Kant (1724–1804): »Ich habe in meinem Leben viele kluge und gute Bücher gelesen. Aber ich habe nichts gefunden, was mein Herz so still und froh gemacht hätte, wie diese vier Worte aus dem Psalm 23: Du bist bei mir!« (… dein Stock und dein Stab, sie trösten mich. Vers 4).
Das schließt nicht aus, dass im Leben auch dunkle Töne vorkommen, denn auch das kann ein Wandern in finsterer Schlucht sein (ebenfalls Vers 4) und im Angesicht der Feinde (Vers 5).
Vertrauen ist ein Geschenk, das in diesem Stab heranwächst. Ich kann es nicht erzwingen, ja es ist das Gegenteil von Kontrolle, etwa während der Pubertät der Heranwachsenden. Wer kann dann schon einen Blankoscheck des Vertrauens ausstellen?
Als Petrus im Evangelium in den Fluten versinkt und sein Vertrauen sich in diesem Moment nicht mehr als starker Stab erwies, da hat er das entscheidende Angebot Jesu vergessen, das doch hieß: »Habt Vertrauen. Ich bin es, fürchtet euch nicht.« (Mt 14,27)
Das heißt: Wir ringen immer wieder darum! Ein junger Seelsorger, den eine heimtückische Krankheit früh sterben ließ, hatte als Aufschrift auf seinem Grabstein die beiden Worte verfügt: »Habt Vertrauen!« Das deckt sich fast mit dem Wort des während des Naziregimes ermordeten Jesuiten Alfred Delp († 1945), der zuletzt schrieb: »Lasst uns dem Leben trauen, weil Gott es mit uns lebt.«
Das ist das Angebot Gottes: Das Vertrauen auf mich ist dein drittes Bein, deine Gehhilfe, dein Rollator. Warum hältst du dich in guten und bösen Tagen nicht an mir fest? Du bist nicht allein!

(L. lehnt den Stab gegen den Altar)

NACH GEDANKEN IN: »DAS ZEICHEN+KA«, JANUAR 2020

42. Taten entscheiden, nicht Worte
(Christsein leben)

Symbol/Vorbereitung

Eventuell für jeden eine Eichel.

Lesungen

Eph 4,1–6: Führt ein Leben, das des Rufes würdig ist. Ertragt einander in Liebe;
Phil 2,1–5: Jeder achte auf das Wohl des anderen;
Mt 21,28–32: Schließlich ging er doch in den Weinberg;
Joh 6,1–5: Brotvermehrung.

Ansprache

Vielleicht ist die folgende Geschichte bereits bekannt, aber ich finde sie so beeindruckend – auch für die heutige Zeit –, dass sie jeder weitererzählen müsste:
Für einen älteren Mann in Frankreich war eigentlich das Leben vorbei: Die Frau gestorben, dann der einzige Sohn. Was bietet ihm jetzt das Leben noch? Er verlässt seinen Hof, nimmt fünfzig Schafe mit und zieht in ein trostloses Gebiet, in die Cevennen. Dort waren fast alle Bewohner weggezogen, weil es kein Wasser mehr gab. Aber der alte Mann erkannte, woran es lag und was da zu ändern ist. *(Jetzt bitte die Eichel, die ihr bekommen habt/die Sie bekommen haben, ganz fest in der Hand drücken!)*
Der Mann besorgt sich immer wieder einen Sack Eicheln; jede prüft er, lässt sie sich im Wasser richtig vollsaugen, und dann setzt er sie – mit Hilfe eines Eisenstabs für die Löcher – tief in die Erde. Nach drei Jahren hat er so hunderttausend Eicheln gesetzt. Es treiben so viele aus, dass drei verschiedene Eichenwälder von 11 x 3 Kilometer Länge entstehen.
Als der Mann 1947 im Alter von 89 Jahren stirbt, hat er die ganze Landschaft verändert. Denn die unzähligen Wurzeln haben das Wasser angesaugt; in den Bächen fließt wieder Wasser; die Menschen kehren zurück. Und keiner von ihnen ahnt, wem sie das Wunder zu verdanken haben! (Nach J. Giono)

Da lebte also ein Mensch, der nicht sagte: Da müsste mal einer was tun, da könnte man ein Programm entwerfen …, sondern dieser Mann fing einfach selbst an: fantasievoll, geduldig, ausdauernd, ohne an sich zu denken, ohne Dank zu erwarten.

Im heutigen Evangelium sagte der erste Sohn: Ja, ich mache das schon. Ich gehe in den Weinberg. Aber er ging nicht. Der zweite Sohn wollte nicht, aber schließlich ging er doch. Und alle antworteten richtig, als Jesus fragt: »Wer von den beiden hat den Willen des Vaters getan?«: Natürlich, der zweite Sohn. – Nicht die Menschen, die nur fromm daherreden, leben, wie Gott es will, sondern die, die den Willen des Vaters auch wirklich tun und handeln.

Darum ist Jesus so hart mit den Schriftgelehrten und Pharisäern ins Gericht gegangen, weil sie oft nur eine fromme Schau abgezogen haben, ihre Einstellung aber nicht änderten. Anders die Zöllner und Sünder: Sie ließen ihrer ehrlichen Umkehr auch entsprechende Taten folgen.

Doch noch einmal zurück zu diesem Mann mit den Eicheln. Überlegen Sie, überlege du einmal mit: Wo gibt es bei uns Stellen, wo man am liebsten aufgeben möchte? Wo sind unsere »trostlosen Gegenden«, ja »Wüstengebiete«?: Zu Hause? In der Schule? In unserer Gemeinde? … In uns selbst? – Zerfällt da einiges? Wird zu wenig gelacht?

Was dagegen zu tun ist? Spektakuläre Wunder geschehen da nicht! Die Antwort heißt: Wir müssen Eicheln setzen! Kräftige, gesunde Eicheln ohne Risse. Das sind: gute Gedanken, gute Worte (wir loben viel zu wenig!) und gute Taten. Wir müssen versuchen, in jede trostlose, traurige Situation hinein mit Gottes Hilfe Eicheln zu setzen, immer wieder, und hoffen, dass wenigstens einige aufgehen. Wie leicht das manchmal ist: dass wir, du, jeder Einzelne, jetzt hier ist und mitbetet, mitsingt, das verändert schon die Atmosphäre. Da kann sich jeder schon wohler fühlen. Das steckt andere an. In jedem Menschen sind wertvolle Schätze. Auch in Ihnen, in dir und mir. Sonst könnten wir gar nicht leben. Warum teilen wir nicht mehr davon aus, Edelstein um Edelstein, Eichel um Eichel!? Dann verändert sich die Welt. Dann singen für uns die Vögel wieder. Und der Vater im Himmel begleitet und stärkt uns darin, denn wir tun seinen Willen. –

Pflanzen wir die Eicheln an einem geeigneten Ort ein, um uns immer wieder zu erinnern?

43. In allem kann ein Schatz verborgen sein (Ferienzeit)

Symbol/Vorbereitung

Ein Amethyst in einer Schatzkiste.

Hinführung

In allem kann ein Schatz verborgen liegen. So! *(L. öffnet die Schatzkiste und nimmt den Amethyst heraus)* Ich zeige Ihnen einen Schatz *(L. hält den Amethyst so, dass nur die unscheinbare Felsseite zu sehen ist)*: Ach, Sie würden weitergehen und denken: üblicher Fels? Aber schauen Sie jetzt *(L. zeigt die Innenseite mit den wunderschönen Kristallen)*: Ein Wunder, dass in Jahrtausenden in diesem unansehnlichen Stein so wunderschöne Kristalle gewachsen sind.

Evangelium

Einleitung: Schätze finden im steinigen Ackerland unseres Lebens.
Mt 13,44–52 (hier 44–46): Mit dem Himmelreich ist es wie mit einem Schatz, der in einem Acker vergraben war …

Ansprache

Der Acker, von dem wir gerade gehört haben, ist nur Sinnbild für den Bereich, in dem sich unser alltägliches Leben abspielt. Darin die Schätze zu finden, in denen auch Gott aufleuchtet – und wir sind auf der Gewinnerstraße! Drei Hinweise, wie wir den Schatz finden können:

1. Die vielen Alltagswunder entdecken *(L. öffnet wieder die Schatzkiste und zeigt noch einmal den Amethyst von beiden Seiten)*: Vorbeilaufen oder staunen? Der Amethyst ist nur ein Beispiel: Jeder Halm, der eine schwere Ähre trägt, ist so ein Alltagswunder. Jeder Tautropfen, in dem sich die Strahlen der Sonne spiegeln, kann uns staunen

lassen. Rainer Maria Rilke (1875–1926) sagte einmal dazu: »Wenn dein Alltag dir arm erscheint, klage ihn nicht an; klage *dich* vielmehr an, weil du nicht stark genug bist, seine Reichtümer zu entdecken.«

2. Der zweite Tipp, um den Schatz im Acker unseres Lebens zu finden: Pflege liebevoll den Umgang mit den vielen Kleinigkeiten im Alltag. Denn das wirklich Große liebt es, sich im Kleinen zu verbergen. Die kleine Theresia vom Kinde Jesu wurde übrigens auch deshalb heiliggesprochen, weil sie all die Kleinigkeiten wie Putzen und Spülen besonders sorgfältig und liebevoll versah.
   Als Michelangelo (1475–1564) an einer Statue arbeitete, schaute ihm ein Besucher zu. Nach einiger Zeit schaute er nochmals vorbei und glaubte bemerken zu müssen, dass sich in der Zwischenzeit nicht viel getan habe. Da sagte Michelangelo: »Da irren Sie sich. Hier habe ich geglättet, dort etwas weggenommen. Jenem Zug habe ich mehr Weichheit gegeben, jenen Muskel deutlicher hervortreten lassen.« »Ach«, meinte der Besucher: »Das sind doch nur Kleinigkeiten!« »Mag sein«, entgegnete Michelangelo, »aber diese Kleinigkeiten machen erst die Vollkommenheit aus und die Vollkommenheit ist keine Kleinigkeit!« – Erst unsere liebevolle Hingabe an die Kleinigkeiten, die uns der Alltag aufgibt, bringt Harmonie, Stimmigkeit und Schönheit.
3. Und der dritte Hinweis: trotz Hindernissen weitersuchen. Vielleicht war der Bauer, der mit seinem Pflug an den Schatz stieß, zunächst ungehalten, weil die Arbeit unterbrochen wurde. Wie wir ja auch oft schimpfen, wenn wir auf Widerstand treffen. Aber gerade da kann es sein, dass Gott auf uns wartet – er hält sich gern im Unwahrscheinlichen verborgen.

In allem kann ein Schatz verborgen sein! *(L. hebt noch einmal die Schatzkiste)*: Ist unser Pflug auf Tiefgang eingestellt? Erachten wir etwas als Nebensächlichkeit? Und vor allem: Sind wir blind für die Wunder am Wege, in denen er uns begegnen möchte!? *(L. stellt die Schatzkiste so auf den Altar, dass die Gemeinde die wunderbare Seite des Amethystes sieht)*

44. Unser Leben – wie ein Pullover
(Christsein leben)

Symbol/Vorbereitung

Teil eines Pullovers, an dem während der Predigt weitergestrickt werden kann.

Hinweis

Sie können die Ansprache auch als kleines Geschenk mit einer kleinen Strickprobe darauf weitergeben. Als Mini-Stricknadeln eignen sich Zahnstocher.

Lesungen

Jes 38,12–20: Gott, der Weber des Lebens, webt am Tuch unseres Lebens bis zum Ende;
Kol 3,12–15: Bekleidet euch mit aufrichtigem Erbarmen;
Mt 22,1–14: Ohne Gewand dürfen wir nicht erscheinen;
Lk 13,6–9: Der Feigenbaum erhält eine neue Chance.

Ansprache

(L. kann zu stricken beginnen) So wie in der Lesung König Hiskija von Juda sein Leben mit einem Tuch verglichen hat, an dem Gott webt, so möchte ich unser Leben mit einem Pullover vergleichen:

- Die Fäden, um einen Pullover zu stricken, bekommen wir geschenkt. Das kann uns ein Leben lang Dankbarkeit ins Herz geben.
- Am Anfang stricken andere, später ist Masche für Masche unsere Mitarbeit gefragt. Zaghaft, mit den ersten Worten und Schritten, nehmen wir den ersten Faden auf, dann jeden Tag mehr.
- Mal sind die Fäden flauschig weich, dann wieder hart und kratzig, sodass wir uns wund reiben können. Auch die Qualität und die Farben können wechseln. Hauptsache aber, wir stricken weiter, denn am Ende werden wir nach unserem Gewand gefragt (Mt 22,12), das Vertrauen auf Gott und Liebe zum Nächsten heißt.

- Manchmal schaffen wir Masche um Masche mühelos. Es macht sogar Freude. Manchmal brauchen wir die Hilfe anderer, weil uns die Kraft genommen ist.
- Manchmal stehen uns zu viele Fäden zur Verfügung. Dann kommt es auf unser weites Herz an, sie an die zu verschenken, denen das Leben nicht so viele vergönnt hat.
- Das Muster beim Stricken ist oft vorgegeben – durch Elternhaus, Schule, Arbeitsplatz. Oft erfordert es hohe Konzentration, oft geht es spielend von der Hand.
- Manchmal fallen Maschen; dann muss ich schnell handeln, um Laufmaschen zu vermeiden. Denn das Leben geht unaufhaltsam weiter, und es lässt sich nicht wieder auflösen. Nicht aufgefangene Laufmaschen bleiben ein Leben lang sichtbar und gehören schließlich zum Original.
- Wenn der Faden reißt, muss er geflickt und neu angesetzt werden.
- Es hilft nicht, das Strickzeug in die Ecke zu werfen. Wir wissen auch nicht, wie viele Fäden wir noch verstricken können.
- Die Nadeln in der Hand können ausgewechselt werden, auch die Technik und das Muster; auf das Gestrickte kommt es an! Es soll uns schützen und wärmen; uns aber auch bekleiden mit Erbarmen, Güte, Geduld, Liebe und Dankbarkeit (siehe Kol 3,12–15).
- Es erleichtert die Arbeit, an einen Gott zu glauben, der unsichtbar mitstrickt. Bei ihm fällt auch die letzte Masche nicht ins Leere. Wir dürfen bitten: Herr, nimm unser Strickwerk an, hilf uns durchs letzte Tor und bekleide uns mit Ewigkeit.

Einen Punkt darf ich mit Blick auf das Evangelium besonders hervorheben: »Manchmal fallen Maschen«, hieß es soeben. Mit Blick auf den Feigenbaum bringen wir im Augenblick keine guten Früchte. »Den Boden um ihn herum aufgraben« (Lk 13,8) besagt doch, dass Gott uns dennoch nicht abgrundtief fallen lässt, sondern uns in seiner Barmherzigkeit eine neue Chance gibt. Allerdings muss ich schnell handeln – wie die Stricker/innen wissen: schnell mit einer Häkelnadel die gefallenen Maschen auffassen und wieder nach oben holen.

Aber so einer ist Gott: Er hilft uns, am Ende unseres Lebens einen schönen Pullover vorzeigen zu können. Und Jesus hat uns durch sein Leben in dieser Sicht Gottes ermutigt.

TEILWEISE NACH NORBERT POSSMANN

Besondere Anlässe und Themen

45. Fülle die leere Schale der Sehnsucht nach Liebe
(Liebe / Valentinstag / Hochzeit)

Symbol/Vorbereitung

Auf dem Altar stehen ein Krug und eine Karaffe mit Wasser.

Lesungen

1 Kor 13,4–8a: Die Liebe hört niemals auf;
Eph 4,24–32; 5,1–2: Vergebt einander, wie Christus euch vergeben hat;
Kol 3,12–17: Die Liebe ist das Band, das alles zusammenhält;
Joh 2,1–12: Hochzeit zu Kana.

Ansprache

Sie sehen einen Krug auf dem Altar. Er ist leer wie manchmal die Schale unserer Wünsche und Sehnsüchte. Daneben die Karaffe, gefüllt mit klarem Wasser. Ich lade Sie ein, im Anschluss an die Sprecherinnen und Sprecher ebenfalls ans Mikrofon zu gehen, uns etwas aus Ihrer Erfahrung mitzuteilen und dann ein wenig Wasser in den Krug der Liebe zu schütten.

1.: Wenn wir einander ein gutes Wort sagen oder durch zärtliche Gesten unsere Liebe erkennen lassen, dann kann unser Miteinander zum Fest werden. *(gießt etwas Wasser in den Krug)*

2.: Ich gieße etwas Rücksicht in den Krug. Das macht einander mutiger, denn jeder macht einmal unsichere Schritte. *(gießt etwas Wasser in den Krug)*

3.: Ohne Freude kein Fest. Freude entsteht, wenn sich keiner in den Mittelpunkt stellt, sondern beide miteinander überlegen, was einander froh macht. Daraus erwächst eine gute Atmosphäre, um offener und konfliktfreier miteinander umzugehen. *(gießt etwas Wasser in den Krug)*

4.: Ich gieße viel Geduld hinein: Ein Instrument erlerne ich auch nicht von heute auf morgen. Um das Instrument der Liebe zum Klingen zu bringen, braucht es viel geduldige Nachsicht. Aber das macht dialogfähiger. *(gießt etwas Wasser in den Krug)*

5.: Vergebung gieße ich hinein. Ganz viel. Eigentlich ist es das Wichtigste, einander immer wieder einen neuen Anfang zu gönnen; einander die Hand zu reichen. In einem Wort des Verzeihens ist Wärme für einen ganzen Winter. *(gießt etwas Wasser in den Krug)*

6.: Ich gieße Treue hinein. Es ist so wichtig, fest darauf vertrauen zu können, dass der Partner/die Partnerin noch da ist, wenn ich nach Hause komme. Mich in dick und dünn auf den anderen verlassen können, das macht das Miteinander zum Fest! *(gießt etwas Wasser in den Krug)*

7.: Tränen der Enttäuschung, Krisen wie sauren Essig möchte ich hineingießen in das pralle Glück – nicht aber, ohne vorher den um Hilfe zu bitten, der Wasser in Wein verwandelte, damit er auch hier auf krummen Zeilen gerade schreibt und beide reifer weiterleben lässt. *(gießt etwas Wasser in den Krug)*

Jetzt sind *Sie* herzlich eingeladen, nach vorne zu kommen und Ihre Erfahrungen und Wünsche auch hineinzugießen – damit unser Leben zum Fest wird.

NACH EINER »SYMBOLHANDLUNG« IN: WEIL LIEBE UNS BEFLÜGELT, SEGENSGOTTESDIENSTE AM VALENTINSTAG, AKF-PUBLIKATION, MAINZER STR. 47, D-53179 BONN

46. Mit dem Symbol des Wassers taufen wir (Taufe)

Symbol/Vorbereitung

Ein mit Wasser gut gefülltes Taufkännchen und die Taufschale.

Lesungen

Jer 17,5–8: Was möglich ist für den, der am Wasser gepflanzt ist;
Mt 28,18–20: Tauft alle Menschen;
Joh 7,37b–39: Wer an mich glaubt, aus dessen Inneren werden Ströme lebendigen Wassers fließen.

Ansprache

1. *(L. nimmt das Taufkännchen)* Danke für das Wasser, eine Gabe des Himmels. Ohne Wasser gäbe es kein Leben auf der Erde. Auch Ihr Kind brauchte neun Monate das Fruchtwasser, um heranzuwachsen. Das Wasser begleitet uns ein Leben lang, es hilft, uns zu erneuern und alles Schädliche herauszuspülen.
2. *(L. nimmt die Taufschale hinzu)* Ich gieße nun einen ersten Guss in die Schale. Gleich bei der Taufe werde ich drei Güsse über den Kopf Ihres Kindes gießen – im Namen des Vaters und des Sohnes und des Heiligen Geistes. Aber diese Güsse genügen nicht, wenn das Vertrauen auf Gott im Kind wachsen soll. Die Taufe ist der erste Guss an das Bäumchen, der besagt: Du kannst dich immer an Gott festhalten.

   Aber wie ein Bäumchen immer wieder getränkt werden will, so braucht das Kind immer wieder Rituale: das Kreuzzeichen auf der Stirn, Ihre großen Hände um die kleinen beim Beten, das Erzählen von Gott, das Betrachten der Bilder in einer Kinderbibel, das Erschnuppern dieser Luft hier, wenn Sie vor einem Kreuz oder einer Marienstatue eine Kerze anzünden; vor allem aber braucht es Ihr Vorbild. An Ihnen sollte es erkennen, wie Sie aus diesem Vertrauen leben und dass es Ihnen wichtig ist, dies an Ihr Kind weiterzugeben.
3. Wieder gieße ich einen Wasserguss in die Schale und Sie dürfen vom Lebensweg Ihres Kindes träumen. Der Mensch gleicht ja dem Wasser: Wenn Ihr Kind von immer mehr Quellen gespeist wird, entwickelt es sich zu einem lebendigen Bach, der sich in der Jugendzeit nicht fürchtet, als Wasserfall herunterzustürzen. Danach wird Ihr Kind langsam ruhiger, kann sogar bittere, schmutzige Zuflüsse verkraften, lernt zu tragen, muss noch viele ins Boot laden und fließt schließlich breit und erfüllt in den Ozean Gottes. Des Menschen Leben gleicht dem Wasser. Und im Ozean Gottes dürfen wir uns dann verwandeln für das ewige Fest.
4. Noch ein Guss in die Schale *(tut es)*, bevor wir dann genug Wasser haben für den entscheidenden Augenblick der Taufe. Dieser Guss dient dem Staunen: Welche Verwandlungskraft hat das Wasser – als

Schnee, Eis, Dampf, ja unsichtbar verdunstet es aufsteigend in eine Wolke. Wenn uns solche Verwandlungen nicht aus unserem Alltag bekannt wären, wir würden sie nicht für möglich halten. Das deutet an, was Gott kann und in seiner Schöpferkraft will: Wir sollen diese Welt mit unseren Wassergüssen verwandeln, ja zur Vorstufe des Paradieses werden lassen; das Reich Gottes sichtbar machen – bis Gott uns durchdringt, um uns himmelfähig werden zu lassen mit einem neuen Körper, um dann ins ewige Licht einzutauchen.

Im Symbol des Wassers taufen wir jetzt. Wasser – eine göttliche Gabe.

47. Weinstock und Reben

(Aufnahmefeier für Ministrantinnen und Ministranten)

Symbol/Vorbereitung

Ein gemalter (s. Zeichnung Karl Heinz Hamacher) oder fotografierter Weinstock mit Weintrauben. Auf einem Tisch davor werden folgende Gegenstände nach dem Vortragen des Textes hingestellt: Taufkerze, Bibel/Evangeliar, Schale mit Hostien, Kännchen mit Wein, Kännchen mit Wasser, Schelle, kleines Standkreuz, Kerze auf Leuchter, Aspergill, Weihrauchfass, Schiffchen, Kollektenkörbchen.

Begrüßung

Ein Stützpfahl hält in der Regel den Rebstock. Wir legen das Kreuz als Stütze über uns: Im Namen des Vaters …

Evangelium

Einleitung: Jesus ist der Stamm, wir sind Blätter und Früchte.

Einmal sagte Jesus und er sagt es jetzt zu uns: Ich bin der Weinstock, ihr seid die Reben. Wer mit mir verbunden bleibt und ich mit ihm, der bringt reiche Frucht. Aber ohne mich könnt ihr (in den Augen Gottes) nichts vollbringen. Wer nicht mit mir verbunden bleibt, wird wie eine abgeschnittene Rebe fortgeworfen und vertrocknet. (nach Joh 15,5.6a)

Sprechspiel

L.: Wir sehen hier vorne den Weinstock, mit dem die Reben fest verbunden sind. Wir wünschen uns, dass die neuen wie die alten Ministrantinnen und Ministranten aus dieser Verbindung leben, wachsen und reifen. Jetzt lernen wir die neuen Minis näher kennen. Zugleich zeigen sie uns ihre »Arbeitsgeräte« und sagen uns, was sie bedeuten.

(L. nennt jeweils den Namen des Ministranten/der Ministrantin)

1.: Ich bringe das *Taufkännchen*. Mit der Taufe begann unsere Freundschaft mit Jesus. In der Messfeier und in unserem Dienst am Altar möchten wir unser Miteinander vertiefen. *(stellt das Taufkännchen auf den Tisch vor das Bild)*

2.: Ich bringe eine *Bibel*/das *Evangelienbuch*. Wir heben sie/es bei der Messe mit unseren Kerzen immer hervor. Die Worte im Heiligen Buch sind wie weitere Güsse belebenden Wassers über uns. Sie lassen unsere Verbindung mit Jesus wachsen. *(legt die Bibel vor das Bild; alternativ: vor das Messbuch)*

3.: Ich bringe eine *Schale mit Hostien*. Mit der Erstkommunion wuchs unsere Freundschaft mit Jesus. Dieses lebendige Brot stärkt uns und gibt Kraft für ein Leben mit Christus. *(stellt die Schale vor das Bild oder schon auf den Altar)*

4.: Hier halte ich das *Kännchen mit Wein*. Wein ist die Frucht des Weinstocks und der menschlichen Arbeit. Viele Trauben gaben sich in den Wein. So lass uns, die wir ganz verschieden sind, auch zu einem guten Miteinander gelangen. *(stellt das Kännchen vor das Bild oder schon auf den Altar)*

5.: Ich bringe das *Kännchen mit Wasser*. Der Tropfen Wasser, der sich mit dem Wein im Kelch vermischt, meint uns Menschen selbst: Wir können ganz eng mit Christus verbunden werden. *(stellt das Kännchen vor das Bild oder schon auf den Altar)*

6.: Diese *Schelle* macht darauf aufmerksam, dass es hier ganz wichtig wird. Wir sollen ja die Geheimnisse Gottes mit wachem Herzen verfolgen. *(stellt die Schelle vor das Bild oder schon auf die Stufe des Altars)*

7.: Dieses kleine *Standkreuz* stelle ich auf den Altar. Es ist das Siegeszeichen unseres Glaubens. Wir freuen uns, als Ministrantinnen und Ministranten Ihm zu dienen. *(stellt das Kreuz auf den Altar)*

8.: Ich bringe auf dem Leuchter eine *Kerze*. Das Licht erinnert uns an Christus, der in seinem Evangelium und in der Eucharistie Licht für die Welt sein will. Beides heben wir immer durch unsere Kerzen hervor. *(stellt den Leuchter mit Kerze auf den Altar oder in einen Ständer vor dem Bild)*

9.: Das hier nennt man *Aspergill* *(hebt es hoch)*. Mit dem geweihten Wasser darin werden Menschen und Gegenstände gesegnet. *(legt ihn vor das Bild oder stellt ihn in den Weihwasserkessel)*

10.: Ich bringe das *Weihrauchfass* *(schwenkt es hin und her)*. Mit dem weißen duftenden Rauch wird alles hervorgehoben, was an Gott und Jesus erinnert. Auch unser Gebet möge wie Weihrauch zu Gott emporsteigen. *(hängt es an den Ständer vor das Bild)*

11.: Dieses *Schiffchen* enthält zerstampfte Körner vom Harz besonderer Bäume. Ich muss vorsichtig damit umgehen, damit die Körner auch auf die glühende Kohle gelangen. *(stellt das Schiffchen vor das Bild)*

12.: Zuletzt ein *Kollektenkörbchen:* Es geht in der Kirche nicht nur um Gottesdienst. Es geht auch um Solidarität mit den Menschen in Not. Wir sammeln im Gottesdienst auch Gelder für Menschen, denen es nicht so gut geht wie uns. *(stellt das Körbchen vor das Bild)*

L.: So helfen viele, dass ein Gottesdienst gelingt. Wir sehen uns bei jedem Dienst mit Jesus und den Menschen verbunden – wie die Trauben am Weinstock. Danke, dass ihr uns alle dabei helft.

Meditation nach der Kommunion

(gesprochen von den Ministrantinnen und Ministranten)

1. Der Weinstock braucht Blätter, um lebendig zu bleiben:
   Christus braucht auch unsere Hände,
   um seine Kirche heute lebendig zu halten.

2. Christus braucht auch unsere Füße,
   um eine Gemeinschaft entstehen zu lassen,
   die *ein* Herz und *eine* Seele ist.

3. Christus braucht auch unsere Lippen,
   um seine Gute Nachricht weiterzuerzählen.
   Denn nur *gemeinsam* sind wir stark.

4. Christus braucht auch unsere Hände,
   die mit dem Spaten verhärtetes Land aufbrechen.
   Die alle mit einem Stab stützen,
   die wegzubrechen drohen.
   Und die sich um Wassergüsse bemühen für alles,
   was zu vertrocknen droht.

48. Den Augenblick leben
(Stille / Schöpfung / Urlaub)

Symbol/Vorbereitung

Das Foto einer Blumenwiese zeigen. Eventuell auch für jeden eine Blume.

Hinführung

»Wie die Zeit vergeht!«, sagen wir manchmal und wundern uns, wie schnell eine Woche, ein Monat, ein Jahr vergangen ist. Kann es daran liegen, dass wir die Zeit nicht ausgekostet haben?

Evangelium

Mt 6,24–34 (hier: 6,27–30.33): Lebe mit offenen Augen im Vertrauen auf Gott!

Ansprache

Wir schauen auf das Bild (die Blume):

1. Jeden Tag die Schönheit einer Blume sehen: wie sie ihre Kraft aus dem Boden und dem Licht der Sonne schöpft, wie sie blüht – ohne zu vergleichen oder sich zu bedauern. Die Blume lebt uns vor, wie wir den Tag, ja den Augenblick genießen können: uns hingeben – aufmerksam und mit offener Seele – nicht vergleichen, aus den Begegnungen das Positive schöpfen – dankbar und zufrieden sein.
2. Um die Gegenwart zu kosten, brauchen wir Augenblicke der Stille und Besinnung. So wie ein Gast vor dem gemeinsamen Essen gefragt wurde: »Brauchen Sie jetzt Stille?«

   Wer gelernt hat, aus den vielen Angeboten auszuwählen, der hat auch den Mut, einen Abend oder ein paar Stunden für sich zu reservieren und dem Trubel zu entgehen. Wenn wir hören, wie viele Stunden Menschen täglich in ihrer Freizeit im Internet surfen und am Computer oder mit dem Smartphone verbringen, scheinen wir doch genügend Zeit zu haben! Es ist wie bei der Auswahl des Fernsehprogramms: Wähle ich mir eine schöne oder interessante Sendung aus, fällt sie tiefer in die Seele, als wenn ich noch mehrere andere sehe. Das wurde mir auch bei einem Museumsbesuch mit einer Gruppe Kinder bewusst: Der Führer zeigte uns drei Gegenstände sehr gründlich und anschaulich und ließ Hunderte anderer Gegenstände aus. Aber *diese* drei haben wir so schnell nicht vergessen!

   Den Augenblick leben! Immer in der Gegenwart verharren! Wie es Jesus auch in unsere Seele schreibt: Suche zuerst das Reich Gottes!

Mache dir klar, dass du immer von Gott geliebt bist – auch in der Bedrängnis – und dann genieße, was die immer noch schöne Welt dir alles bietet.

3. Den Augenblick leben heißt nicht: in den Tag hinein leben, wie etwa ein Jugendlicher, der eine schwierige Prüfung vor sich hat, aber – statt zu lernen – lieber stundenlang am Computer spielt. Dazu hören wir eine Geschichte, die uns sagen will: Der Himmel in dir öffnet sich erst, wenn du die Liebe zur Schöpfung lebst, zu Menschen, Tieren und Pflanzen.

   Einmal lebte ein großer, reicher König zu einer Zeit, in der noch alle Menschen den hohen Berg kannten, auf dessen Gipfel die Tore des Himmels gebaut sind. Bei all seinem Reichtum sehnte sich der König danach, auch die Schlüssel zu den Toren des Himmels zu besitzen, aber keiner konnte sie ihm bringen. Eines Tages sagte ihm ein weiser Mann: »Alle Schätze der Erde kann man geschenkt bekommen, aber die Schlüssel zum Himmel muss jeder selbst suchen.«

   Da stieg der König selber auf den steilen Berg bis vor die Tore des Himmels und sagte dem Engel, dem Hüter vor Gottes ewigem Garten: »Ich finde keine Ruhe, bis ich nicht die Schlüssel zum Himmel besitze.« Der Engel lächelte und antwortete: »Auf der Erde blühen viele tausend Himmelsschlüssel, die von Menschen zertreten werden. Wenn du die drei richtigen findest, die nur zu deinen Füßen und für dich aufblühen, kannst du die Tore des Himmels aufschließen.«

   Viele Jahre suchte der König und zertrat keinen Himmelsschlüssel mehr, aber nie blühte eine dieser Blumen vor seinen Füßen auf. Da bettelte ihn eines Tages ein schmutziges Mädchen an, das weder Vater noch Mutter hatte. Das Hofgesinde wollte das verwahrloste Kind zur Seite drängen, der König aber setzte es zu sich aufs Pferd. In seinem Schloss ließ er es speisen und kleiden und pflegen. Da blühte zu seinen Füßen ein kleiner, goldener Himmelsschlüssel auf. Und der König ließ die Armen und Kinder im Reich zu seinen Brüdern und Schwestern erklären.

Wieder vergingen Jahre. Da erblickte der König auf einem Ritt durch den Wald einen sehr kranken Wolf. Die Höflinge wollten ihn verenden lassen; er aber trug ihn in seinen Palast und pflegte ihn selbst gesund. Und der Wolf wich nie mehr von ihm. Da blühte ein zweiter goldener Himmelsschlüssel zu seinen Füßen auf. Der König aber ließ von nun an alle Tiere in seinem Reich zu Brüdern und Schwestern erklären.

Wieder vergingen einige Jahre. Da spazierte der König in seinem herrlichen Garten mit den seltensten Blumen. Und er erblickte am Wegrand eine kleine, unscheinbare Pflanze, die nahe am Verdursten war. »Ich will dir Wasser bringen«, sagte der König. Doch der Gärtner wollte ihn hindern: »Es ist Unkraut; ich will es ausreißen und verbrennen; es passt nicht in diesen königlichen Garten!« Der König aber holte Wasser, und die Pflanze begann wieder zu atmen und zu leben. Da blühte der dritte Himmelsschlüssel zu des Königs Füßen auf, und das Bettelmädchen und der Wolf standen dabei. Der König aber sah auf dem steilen Berg die Tore des Himmels weit, weit geöffnet.

Auch heute blühen diese drei Himmelsschlüssel noch, und sie leuchten heller und schöner als alle Edelsteine und Blumen der Welt. (gekürzt nach Manfred Kyber, Himmelsschlüssel)

Genieße den Augenblick – in einer Schöpfung, die von Gott geliebt ist!

49. Brot für die Seele auf der Wallfahrt des Lebens (Pilgern)

Symbol/Vorbereitung

Eine Pilgermuschel/Jakobsmuschel (ähnlich dem Firmenlogo an Shell-Tankstellen).

Hinführung

(L. zeigt die Pilgermuschel) Solch eine Pilgermuschel, die Jakobsmuschel, trugen früher alle am Hut oder auf der Brust, die sich auf Wallfahrt zum

Grab des heiligen Jakobus nach Santiago de Compostela in Spanien begaben. Die Wege sind so international, dass die Pilgermuschel selbst auf den Straßenschildern zu sehen ist. Im Mittelalter hieß der Ruf: »Auf nach Santiago!« Und halb Europa folgte.

Lesungen

Jes 55,1–3: Kommt und esst!;
Mt 14,13–21: Alle aßen und wurden satt.

Ansprache

Wer sich auf den langen Pilgerweg nach Santiago macht *(L. zeigt wieder die Muschel)*, schnürt den Rucksack. Er braucht viel Proviant, denn die Kräfte können unterwegs schwinden, wenn mit schwerem Gepäck zuletzt Höhenunterschiede von tausend Metern überwunden werden müssen. Wie eben im Evangelium die Menschen in der Einsamkeit und Öde auch Hunger bekamen. Brot braucht dabei aber auch die Seele. Das kann ein freundlicher Gruß unterwegs sein, ein Gebet oder ein ermunterndes Wort.

So erzählte mir einmal eine Frau, die nach Trier zum Grab des heiligen Matthias wanderte – auch dort ist unterwegs oft diese Pilgermuschel zu sehen –, dass sie am vorletzten Tag vor Bitburg völlig erschöpft war. Die Tagesstrecke betrug über 50 km und es war heiß. Sie setzte sich an den Wegrand und weinte: Sie konnte einfach nicht mehr. Da kamen zwei Pilger, packten sie unter die Arme und sagten: »Komm, Mädchen, wir schaffen das schon!« – und sie schaffte es.

Solche ermunternden Worte erzählte auch Jesus damals den Menschen in der Wüste. Aber auch das Brot, das *wir* in der Messfeier empfangen dürfen, will uns auf unserer Pilgerschaft durch das ganze Leben stärken.

Und jetzt noch etwas zum Entdecken *(L. zeigt die Muschel)*: Solch eine Muschel befindet sich in Süddeutschland und Österreich oft genau über dem Tabernakel: Brot für die Seele auf unserer Pilgerreise!

Liebe Kinder! So eine Muschel könnt ihr auch an vielen Tankstellen sehen. Ja, an den Shell-Tankstellen. »Shell« heißt übersetzt »Muschel«. So wie ein Auto immer wieder Sprit braucht, um ans Ziel zu gelangen, so brauchen wir auch als Raststätten die Kirchen, um uns dort »Sprit« zu holen. Im Wort »Sprit« steckt spiritus, der Geist, der Heilige Geist, »sancte spiritus«, der uns vorantreiben will, damit wir das Ziel unseres Lebens nicht aus den Augen verlieren und unterwegs nicht schlapp machen. Darum singen die Älteren das Lied »O heilge Seelenspeise auf dieser Pilgerreise« (GL 213).

(L. lehnt die Muschel gegen einen der Kerzenleuchter)

50. Zielvorgabe: Ein Herz und eine Seele sein! (Kirche / Pfarrfest)

Symbol/Vorbereitung

Ein Regenschirm in Regenbogenfarben.

Lesungen

Ps 91,1–4: Er beschirmt dich mit seinen Flügeln …
Apg 4,32–35: Die Gemeinde war ein Herz und eine Seele;
Joh 15,9–14: Bleibt in meiner Liebe!

Ansprache

Mit diesem Regenschirm in leuchtenden Farben darf ich heute einmal unsere Pfarreiengemeinschaft einfangen:

1. Es ist schön, dass wir *beschirmt unterwegs* sind. Wie zu allen Zeiten muss ja mit plötzlichen Regenschauern gerechnet werden. Und sie scheinen heftiger zu werden. Wir dürfen dann auf den Beistand Gottes vertrauen, wie es schon im Psalm heißt: »Er beschirmt dich mit seinen Flügeln …, Schild und Schutz ist seine Treue.«
   Auch auf den Schutz Marias dürfen wir vertrauen, wie es in einem bekannten Lied heißt: »Maria, breit den Mantel aus, mach Schirm und Schild für uns daraus, lass uns darunter sicher stehn, bis alle Stürm vorübergehn …« (GL 534). Und die Älteren unter uns kennen vielleicht noch das Gebet »Unter deinem Schutz und Schirm«.

2. Der kräftige *Stab in der Mitte* hält alle Stangen der Pfarrei. Aber hin und wieder kann man geknickte Stangen an den einzelnen Pfarr-Schirmen sehen: Es gibt immer weniger aktive Jugendliche in der Gemeinde, auch die Ministranten sind mancherorts rar geworden. Es fehlen junge Familien, und in manchen Gemeinden ist es schwer, engagierte Christinnen und Christen zu finden, die sich für die Pfarrgemeinderatswahl aufstellen lassen. Ist es ein Trost, dass die meisten Vereine am Ort ähnliche Schwierigkeiten haben, engagierte Mitglieder zu finden?
3. An manchen Stellen im Schirm der Gemeinde *regnet es* auch *durch*, als hätte einer mit heißer Stricknadel Freude daran gehabt, Löcher einzubrennen: *(Beispiele nennen)* Und die Missbrauchsfälle in der Kirche lassen viele Menschen verunsichert »im Regen stehen«.
4. Ich drehe den Schirm um: So wird er zum Auffangtuch – wie er beim Karneval die Bonbons auffangen soll. Oder dramatisch: die Feuerwehr einen Lebensmüden rettet. Ja, eine Kirchengemeinde darf *alle auffangen*: die Mutigen und Zweifelnden, die Homosexuellen und ihre Lebensgefährten, die mitten drin und die am Rande, die Himmelhochjauchzenden und Betrübten – einfach alle, wie auch Jesus für alle da war.
5. *(L. hält den Schirm über sich:)* Wir Pfarrgemeinden dürfen *Farben zeigen*: die Farben der Harmonie und der bunten Vielfalt, die Farben der Feste und der Versöhnung. Dann bleiben wir keine Randnotiz der Gesellschaft, sondern stehen mittendrin, um – gehalten von Jesus Christus – zu zeigen: Wir sind ein Herz und eine Seele – wenigstens manchmal – wie hoffentlich heute!

(L. stellt den Regenschirm aufgeklappt vor den Altar)

51. Danke sagen
(Erntedank)

Symbol/Vorbereitung

Ein schöner Apfel (in einer kleineren Gottesdienstgemeinde: eventuell für jeden).

Evangelium

Lk 13,6–9: Gott zeigt Geduld, wenn wir nicht gleich Früchte tragen;
Lk 17,11–19: Der Fremde dankt.

Kurzgeschichte

Und wenn ich morgen sterben müsste …

Ein alter Mann pflanzte ein Apfelbäumchen. Da lachten die Leute und sagten zu ihm: »Warum pflanzt du dieses Bäumchen? Viele Jahre werden vergehen, bis es Früchte trägt, und du selbst wirst von diesem Bäumchen keine Äpfel mehr essen können.« Da antwortete der Alte: »Ich selbst werde keine ernten, aber wenn nach vielen Jahren andere die Äpfel von diesem Baum essen, werden sie mir dankbar sein.«

NACH LEO N. TOLSTOI

Ansprache

Ich habe Ihnen heute von unserem beliebtesten Obst mitgebracht: einen Apfel. *(Alternativ:* Wir nehmen den Apfel in die Hände.) Er ist ein Wunderwerk der Schöpfung. An ihm können wir das Danken lernen.

1. Schauen wir auf den *Stiel.* Er zeigt, woher der Apfel seine Kraft zum Wachsen und Reifen nahm. Alle Nährstoffe flossen hindurch. Sozusagen wie unser Bauchnabel für die Zeit im Mutterleib. – Und wer sagen kann, ich bin gesund und hatte die Gnade, in einer guten Umgebung groß zu werden, der darf jetzt ein stilles Danke sagen. *(Stille)* Ein Dichter sagte einmal: »Der Obstbaum, der kein Obst bringt, wird unfruchtbar gescholten. Wer untersucht den Boden?« (Bertolt Brecht) – Wir haben kein Recht, auf »schrumpelige Früchte« herabzuschauen.

2. Gegenüber dem Stiel finden wir die Reste der *Blüte*. Ohne sie gäbe es den Apfel nicht. Wenn der Frost bis in die Blüte gelangt wäre oder wenn Hagel den Ansatz zerstört hätte – gegen Frost und Hagel ist der Mensch noch machtlos (wohl wird oft die Blüte bei Frostgefahr mit Wasser, das gefriert, überzogen und so gerettet) –, dann läge der Apfel jetzt nicht in unseren Händen. So vieles gefährdet ihn: Krankheiten wie Feuerbrand, Baumkrebs, Mehltau, Schorf, Bakterien, auch Läuse und Wühlmäuse. Ein Wunder, dass er durchgekommen ist! Die Blüte ist vor allem auf Sonne und Regen, auf Wind und Bienen angewiesen. So dürfen wir jetzt all denen danken, die Apfelbäume pflanzen, vor Ungeziefer bewahren, schneiden; dann die Äpfel pflücken, transportieren und verkaufen. – Und wir, die schönsten Äpfel im Garten Gottes, dürfen an dieser Stelle auch denen danken, die uns umsorgen und lebenstüchtig gemacht haben. *(Stille)*
3. Wir schauen auf die *Schale* unseres Apfels; auch auf die des Nachbarn/der Nachbarin neben uns. Jede ist etwas anders. Jede hat ihre Druckstellen oder Macken; jede ist unvergleichlich schön; doch keine ist ganz makellos. – Es ist wieder ein Danke wert, dass auch wir einzigartig sind, ein Original mit Schönheitsfehlern. *(Stille)*
4. Der Apfel verlockt zum *Reinbeißen*. Es gibt wundervolle Sorten vom Elstar bis zum Boskop. Und die Hausfrauen und Hausmänner haben längst heraus, welche sich besonders zum Kuchenbacken eignen und welche für Apfelmus. Zum Reinbeißen schön, ein Kraft-Paket, gesund. Und fast immer ohne Wurm!
5. Wer den Apfel aufschneidet, sieht die vielen *Apfelkerne:* Geheimnisvolle Schöpferkraft, die eingepflanzt Dutzende neuer Apfelbäume hervorbringt. Wie leichtsinnig sind doch wir Menschen, das Gehäuse mit so viel Apfelbaum-Träumen in den Abfall zu werfen.
   Wenn ich morgen sterben müsste, hat ein Mensch gesagt, der an die kommenden Generationen gedacht hat, dann würde ich heute noch ein *Apfelbäumchen pflanzen* (vgl. Kurzgeschichte). Und der Sänger Reinhard Mey dichtete mit Blick auf seine Kinder: »Wenn alle Hoffnungen verdorr'n, mit dir beginn ich ganz von vorn, und Unerreich-

bares erreichen, ja, ich kann's: Du bist das Apfelbäumchen, das ich pflanz!«

6. Wir riechen einmal an unserem Apfel. Ein unbeschreiblicher *Duft*, wie auch das Aroma des Apfels uns bezaubern kann. Es gibt eben mehr, als wir kaufen können. Möge es doch die Sehnsucht in uns wachhalten nach dem, was Gott uns alles schenken will. –
Danke dem, der uns letztlich alles schenkt!
7. Mit Äpfeln wird auch der Paradiesbaum dargestellt, obwohl in der Bibel nur etwas vom Baum der Erkenntnis von Gut und Böse steht – mit verführerischen Früchten. Alles, was verboten ist, wirkt ja bekanntlich besonders reizvoll. Worauf die ersten Menschen hereinfielen, hat Jesus durch seinen Tod und seine Auferstehung ins Gegenteil verkehrt: Darum finden wir Äpfel als Zeichen der Erlösung unter dem Weihnachtsbaum. Und in den goldenen Christbaumkugeln grüßen uns auch diese Äpfel mit der beglückenden Botschaft: Dieser Jesus Christus hat uns erlöst und holt uns in sein Paradies mit Bäumen, an denen Früchte hängen, die ewiges Leben schenken.

Wer also in einen Apfel beißt, der weiß, wofür er alles zu danken hat.

NACH EINER IDEE VON HANNA GÜNTHER, VERÄNDERT UND ERWEITERT

52. Marias Leben im Symbol einer Spirale
(Maria)

Symbol/Vorbereitung

Vor dem Altar ist aus einem dicken Seil eine Spirale gelegt; eine dicke Kerze, eine knospende und eine aufgeblühte duftende Rose, jeweils in einer Vase; in Schalen stehen bereit: ein paar Kieselsteine, grüne Blätter und Blüten bzw. Blütenblätter; einige Teelichter.

Evangelium

Lk 1,26–38: Maria hat Ja gesagt.

Ansprache

Vor dem Altar liegt eine Spirale, geformt aus einem dicken Seil. Wir kennen die Spirale als Lebens- und Fruchtbarkeitssymbol von Schneckenhäusern und Muscheln, vom urzeitlichen Ammonit, dem galaktischen Spiralnebel und den DNS-Molekülen. Dieses Symbol haben wir heute für das Leben Marias gewählt. Sieben Sprecherinnen und Sprecher werden es uns jetzt erklären. Es ist wie in unserem Leben: Es kommt darauf an, den Weg zur Mitte zu finden.

1.: *(mit einer knospenden Rose in der Vase)* Wir grüßen dich, Maria. Wir freuen uns über dein Ja zur Botschaft des Engels. Dieses bedingungslose Ja im Vertrauen auf Gott stelle ich an den Eingang der Spirale deines Lebens. *(stellt die Vase mit der Rose hin)*

2.: *(mit dicker Kerze)* Maria, dein Weg ging ins Ungewisse. Viele Überraschungen warteten auf dich. Der Weg schien immer enger zu werden. Aber in der Mitte deines Lebens ging das Licht für deine und unsere Welt auf.

Darum stelle ich die brennende Kerze in die Mitte der Spirale. Sie steht nicht für das Kind in der Krippe, sondern für den auferstandenen Christus. Denn hätte Jesus nicht den Tod überwunden, wäre Weihnachten vergessen. Darum brennt auch die Osterkerze das ganze Jahr über bei Gottesdiensten gut sichtbar in der Kirche. *(entzündet die Kerze an der Oster- oder Altarkerze, geht in die Spirale und setzt die brennende Kerze in die Mitte der Spirale)*

3.: *(mit Kieselsteinen)* Marias Weg zur Mitte war mit Stolpersteinen gesäumt. Das begann schon mit dem Getratsche in Nazaret, als sie »ohne Trauschein« schwanger war; setzte sich fort mit den harten Bedingungen bei der Geburt und erreichte den Höhepunkt im Leiden und Sterben ihres Sohnes. *(legt die Steine verteilt auf den Weg in der Spirale)*

4.: *(mit grünen Blättern)* Maria erlebte aber auch Erfreuliches, das sie in ihren Hoffnungen bestärkte: das Ja ihres Bräutigams Josef; die Lobpreisungen ihrer Verwandten Elisabet; wenn die Menschen auf Jesu Botschaft hörten; wenn sie im Herzen spürte, dass Gott mit ihrem Sohn und mit ihr war. *(legt grüne Blätter über das Seil der Spirale)*

5.: *(mit Blüten)* Es gab auch Augenblicke wie wunderbare Blüten in ihrem Leben: das gesunde Kind in ihren Armen; das fröhliche Fest der Hochzeit in Kana; der Jubel der Kranken, wenn sie gesund wurden. Vor allem: der auferstandene Jesus Christus, der sie zu sich in den Himmel holte. *(legt Blüten über das Seil der Spirale)*

6.: *(mit einer blühenden, duftenden Rose in einer Vase)* Bis heute duftet die blühende Rose Maria, weil sie bei ihrem Sohn für alle bittet, die etwas auf dem Herzen haben; für alle, die mit ihrer Not nicht alleine fertig werden. *(stellt die Rose in die Mitte der Spirale neben die brennende Kerze)*

7.: *(mit Teelicht)* Wir können in die Fußspuren Marias treten: Wer sein Ja zum Willen Gottes sagt und vorwärtsgeht, kommt trotz aller Stolpersteine zur Mitte. Hier können wir uns am Licht der Welt den Funken holen, der uns und anderen den Weg erhellt. *(setzt das Teelicht an den Ausgang der Spirale)*

Jetzt gehen nacheinander Vertreter/innen aller Lebensalter bei Meditationsmusik in die Spirale, entzünden ihr Teelicht an der Kerze in der Mitte, gehen zurück und stellen ihr brennendes Licht an den Rand oder Ausgang der Spirale. (Besonders beeindruckend wird das Lichterspiel, wenn die Kirche oder der Raum abgedunkelt werden kann.)

NACH EINER IDEE VON ANGELIKA BRUNNER IN »DIE MITARBEITERIN« 3/06

53. Wer standhaft bleibt, gewinnt
(Christkönig / Totensonntag / Allerseelen)

Symbol/Vorbereitung
Eine Perle in einer Muschel (eingeklebt).

Lesungen
Mal 3,19–20a: Die einen verbrennen, den anderen geht die Sonne auf;
Lk 21,5–19: Bleibt standhaft, und ihr werdet das Leben gewinnen.

Ansprache

Wenn wir standhaft bleiben, werden wir das Leben gewinnen. – Wir kennen das Geheimnis einer Perle *(L. öffnet die Muschel und zeigt die Perle)*: Durch die Lippen einer Muschel kann ein spitzes Sandkorn eindringen, das bei Bewegungen im Wasser das weiche Muschelfleisch tödlich aufritzen kann. Wenn die Muschel immer wieder eine feine Perlmutterschicht um den Eindringling legt, kann nach und nach eine Perle wachsen. Bei einem Unglück kann es »klick« machen, sagte der Dichter Wilhelm Willms dazu, und dann wird es plötzlich zum Glück. – Es kann 10 Jahre dauern, bis eine Perle richtig herangewachsen ist und die Perlentaucher sie vom Meeresboden pflücken.

Aus Unglück kann Glück werden. Wenn ich manchmal die Leiden einer jungen Mutter während einer Schwangerschaft geschildert bekomme, dann lässt uns das fast mitleiden. Wenn aber das Neugeborene, die kostbare Perle, glücklich von der Mutter umarmt wird, ist aller Schmerz vergessen. Dann heilt die Liebe alle Wunden.

So ein Prozess bis zur Perle kann Jahre dauern. Drei Beispiele:

1. *Charles Dickens* (1812–1870) ist einer der ganz großen englischen Schriftsteller. Die berühmte Geschichte vom Geizhals Scrooge wird immer wieder gerne gelesen und verfilmt. Die Familie Dickens war so arm, dass sie den Jungen mit 12 Jahren aus der Schule holen musste, obwohl er schon deutlich seine Talente zeigte. Sie steckte ihn zum Geldverdienen in eine Schuhwachsfabrik, ein Drecksloch am Themse-Ufer, wo überall die Ratten herumhuschten. Dieser Schmerz der Erniedrigung und die empfundene Scham prägten sein ganzes Leben, sozusagen das ständige spitze Sandkorn in der Seele. In dieser Zeit wurde sein Motto und auch der Motor seines Lebens: »Ich will mehr!« Und dies wurde am Ende, als er berühmt war, zur Perle in seinem Leben.

   Bleibt standhaft, und ihr werdet das Leben gewinnen.
2. Oder *Mahatma Gandhi,* der berühmte Anführer der indischen Unabhängigkeitsbewegung, der 1948 auf offener Straße ermordet wurde: In seiner Jugend war das spitze Sandkorn die Versuchung, auf krumme Wege zu vertrauen – wie das in der Pubertät von Ju-

gendlichen ja immer eine Herausforderung ist. So wird erzählt: Als 15-Jähriger stahl er seinem Vater ein goldenes Armband, um damit seine Spielschulden zu bezahlen. Aber sein Gewissen spielte nicht mit. Weil er wusste, dass er vor lauter Angst dem Vater die Tat nicht persönlich beichten konnte, schrieb er alles auf einen Zettel. Der Vater las das Geständnis und verharrte ein paar Augenblicke in stillem Nachdenken. Dann zerriss er den Zettel. Er sagte noch: Es ist gut. »Und dann nahm er mich in die Arme. Von da an hatte ich meinen Vater noch viel lieber«. Der Junge setzte sich weiter mit seinen Fehlern auseinander und entwickelte darüber eine erstaunliche Selbstdisziplin. Das wurde über viele Jahre die Perlmutterschicht, die er um die eindringenden Versuchungen legte. Und so wurde er der große Anführer seines Volkes, der beharrlich an der Wahrheit festhielt und schließlich auf Gewaltlosigkeit setzte. Wenn Gandhi gegen die englische Besatzung zum Hungerstreik aufrief, dann erzitterten die politischen Widersacher in London mehr, als wenn er alle zu den Waffen gerufen hätte. Seine Erkenntnis, sozusagen seine Perle, hieß: »In der Ruhe und Konzentration liegt alle Kraft!«

3. Und noch ein Beispiel, das uns zeigt, welche Kräfte der Glaube an Gott schenken kann. Der evangelische Theologe *Dietrich Bonhoeffer* (1906–1945) erwarb schon mit 21 Jahren den Doktortitel in evangelischer Theologie. Er war äußerst engagiert, Vertreter der bekennenden Kirche und überzeugter Widerstandskämpfer gegen die Nazis. Dann kam das spitze Sandkorn: 1940 erhielt er Redeverbot, ab 1941 durfte er nichts mehr schreiben bzw. veröffentlichen. 1943 wurde er verhaftet, aber er verzichtete auf die vorbereitete Flucht, weil er Angst hatte, dass dann seine ganze Familie in Sippenhaft genommen würde. 1944 schrieb er an seine Verlobte in seinem letzten Weihnachtsbrief – und jetzt hören wir die Perle, die wir auch als Lied kennen (GL 430): »Von guten Mächten treu und still umgeben, behütet und getröstet wunderbar. So will ich diese Tage mit euch leben und mit euch gehen in ein neues Jahr.« Nach gut drei Monaten wurde er dann von den Nazis erhängt. Das waren ihre Methoden, denen heute – unbegreiflich – wieder welche nachweinen.

4. *(L. zeigt wieder die offene Muschel mit der sichtbaren Perle)* Was zur Perle werden soll, muss erkämpft werden. Wenn wir standhaft bleiben, hieß es im Evangelium, werden wir das Leben, die kostbare Perle, einmal an Gott zurückgeben dürfen.

(L. legt die aufgeklappte Muschel mit der Perle gut sichtbar auf den Altar)

54. Von Halloween zu Allerheiligen und Allerseelen
(Allerheiligen / Allerseelen / Trauer)

Symbol/Vorbereitung

Eine Kürbislaterne, wie sie zu Halloween im Handel angeboten wird (möglichst mit lachendem Gesicht); ein größeres rotes Teelicht; ein größerer Krug.

Lesungen

Jes 25,8–9: Von Gott erhofften wir die Rettung;
Phil 3,20–21: Er wird unseren armseligen Leib verwandeln;
Mt 5,1–12a: Die Freude, die auf uns wartet;
Joh 11,21–27: Ich bin die Auferstehung und das Leben;
Joh 14,1–6: Im Haus meines Vaters gibt es viele Wohnungen.

Ansprache

Eine Tradition aus Amerika hat sich mittlerweile auch im deutschsprachigen Raum fest etabliert: Am Vorabend von Allerheiligen feiert man Halloween. Ihr seht hier vorne den ausgehöhlten Kürbis, in dem ein Licht brennt. Von diesem schaurigen Fest wird folgende Legende erzählt:

Jack, ein geiziger und trunksüchtiger Schmied, saß in einer Kneipe in seinem Dorf in Irland, als der Teufel kam, um ihn in die Hölle zu holen, denn er hatte Frau und Kinder zeitlebens schikaniert und immer nur an sich gedacht. Jetzt starrte er erschrocken auf den Teufel und wusste, was es geschlagen hatte. Da bot Jack dem Teufel seine Seele für einen letzten Drink an und der stimmte zu und bezahlte wie versprochen.

Doch als er dann Jack mit sich nehmen wollte, ging das nicht, weil – der um den Hals ein silbernes Kreuz trug. Wütend machte sich der Teufel auf und davon.

Als Jack dann Jahre später starb, klopfte er an die Himmelspforte an. Doch die öffnete sich nicht, da er sein Leben lang falsch und hinterlistig gewesen war. So wurde er zur Hölle geschickt. Aber auch dort wurde ihm der Eintritt verwehrt, weil er ja den Teufel betrogen hatte. Allerdings wurde ihm noch ein Stückchen Glut hinterher geworfen, um ihm die Finsternis zwischen Himmel und Hölle ein wenig auszuleuchten. Da höhlte Jack sich eine Rübe aus und legte die glühende Kohle hinein. Und seitdem – so erzählt man sich – geistert seine verzweifelte Seele an jedem Vorabend vor Allerheiligen (= All Hallows' Even = Vorabend von Allerheiligen) durch die Dunkelheit.

Vielleicht ist diese Geschichte auch entstanden, weil sich die Menschen immer wieder gefragt haben: Was passiert mit uns nach dem Tod? Wo bleiben die Verstorbenen? Können wir mit ihnen sprechen? Häufig hat man solche Fragen und Vermutungen in Märchen und Geschichten gekleidet.

Ihr seht neben dem Kürbisgesicht einen Krug. Auch dazu muss ich eine Geschichte, ein Märchen, erzählen:

Es war einmal eine Mutter. Eines Tages kam eine große Krankheit über das Land, die erfasste auch ihr einziges Kind. Drei Tage wachte die Mutter am Bett bei ihrem kranken Kind. Dann starb es. Die arme Mutter war nun ganz allein. Sie aß nicht und trank nicht und weinte, weinte ohne aufzuhören und rief nach ihrem Kind.

Wie sie nun in der dritten Nacht ganz müde von Tränen und Schmerz an der Stelle saß, wo ihr Kind gestorben war, ging leise die Tür auf. Die Mutter schrak zusammen, denn vor ihr stand ihr Kind. Das sah nun aus wie ein kleiner Engel und lächelte fein. In seinen Händen trug es ein Krüglein *(Krug zeigen)*, das war übervoll. Und das Kind sprach: »O liebe Mutter, weine nicht mehr um mich! Schau, in diesem Krug sind deine Tränen, die du um mich geweint hast. Wenn du nur noch eine Träne um mich weinst, so wird das Krüglein überfließen, und ich werde dann keine Ruhe haben im Grabe und keine Seligkeit im Himmel. Darum, liebe Mutter, weine nicht mehr um dein Kind, denn es ist wohl aufgehoben und glücklich bei den Engeln im Himmel.« Damit verschwand das tote Kind, und die Mutter weinte hinfort keine Träne mehr. (leicht verkürzt nach Ludwig Bechstein)

Wenn jemand stirbt, dürfen wir weinen. Aber es unterscheidet uns etwas von denen, die meinen, mit dem Tod sei alles aus: Wir wissen, dass Jesus uns im Tod in seine Arme nimmt. *(L. zeigt dabei auf Jesus am Kreuz, der ja auf die ausgebreiteten Arme festgenagelt ist)* Und wir glauben, dass uns die Himmelstür einmal geöffnet wird, das heißt, dass wir einmal vereint mit unseren Lieben bei Gott sein dürfen. Darum dürfen wir uns auch freuen und tanzen und Halleluja singen.

Viele Menschen stellen auch (rote) Lichter auf das Grab. Besonders an Allerheiligen und Allerseelen wollen sie damit zeigen, dass sie an die Toten denken – wo immer diese auch sein mögen – und dass sie ihre Lieben Gott anvertrauen. Jesus hat ja gesagt: »Ich bin das Licht der Welt«. Wir bezeugen mit der brennenden Kerze, dass wir daran glauben, dass unsere Verstorbenen im Lichte Gottes leben dürfen. *(L. holt das rote Teelicht aus dem Kürbis und stellt es zwischen Krug und Kürbis)*

Jetzt wisst ihr, was es mit Halloween auf sich hat und warum einen Tag vor Allerheiligen solch ein schaurig-schönes Fest gefeiert wird. Und deshalb seht ihr auf diesem Kürbis auch ein lächelndes Gesicht: weil wir vor dem Tod, vor Gespenstern und Irrlichtern keine Angst zu haben brauchen.

NACH GEDANKEN VON WERNER SCHREER

Hinweis

Papst Gregor IV. setzte übrigens im Jahre 837 bewusst das helle Allerheiligenfest ein, um es dem dunklen Halloween, das wohl wiederum auf ein keltisches Fest zurückgeht, entgegenzustellen.

55. Vom Öl in den Krügen
(Heilige / Allerheiligen)

Symbol/Vorbereitung

Ein antikes Öllämpchen mit Docht und Öl, wie es heutzutage im Handel angeboten wird.

Hinführung

Dieses antike Öllämpchen *(L. zeigt es)* kann nur brennen, solange der Docht genug Öl aus dem Krüglein saugen kann. Wir hören heute von Menschen, die Öl in ihren Lebenskrügen haben.

Kurzgeschichte

Einleitung: Das Wort Gottes kann für uns das Öl in unseren Lebenskrügen sein.

Während der ersten Semester meines Studiums erfuhr ich in einem Seminar, dass man im heißen Wüstensand Ägyptens einen kleinen Papyrusfetzen gefunden hatte, auf dem nur ein Satz stand: »Wer der Größte unter euch sein will, der sei euer aller Diener.« Unser Professor nahm an dieser Stelle seine Brille ab, schaute uns nachdenklich, aber sehr freundlich an und erklärte nach einer kurzen Pause: »Wenn es von dem ganzen Neuen Testament nur dieses eine Wort Jesu gäbe, wäre das für mich ausreichender Anlass, um entweder Christ zu werden oder zu bleiben.« (Martin Krolzig)

Lesungen

1 Thess 4,13–18 (hier 4,3–14): Christen tragen eine unauslöschbare Hoffnung in sich;

Mt 25,1–13: Die klugen und die törichten Jungfrauen.

Ansprache

(L. zeigt wieder das brennende antike Öllämpchen) Wir hören vier Beispiele von Menschen, die Öl in ihren Lebenskrügen hatten:

1. Die hl. *Elisabeth von Thüringen* (1207–1231) ging kompromisslos ihren Weg. Sie beugte sich nicht der höfischen Etikette und ließ sich von den Mägden auch nicht »Herrin« nennen, sondern aß mit ihnen aus einer Schüssel. Sie weigerte sich, von Speisen zu essen, die von den Bauern erpresst waren. Sie legte im Gottesdienst ihre Krone neben sich, obwohl sie diese auch dort tragen sollte. Sie verstand sich eben als Dienerin des Höchsten.
2. Oder die hl. *Hildegard von Bingen* (1098–1179). Sie legte sich aus Gewissensgründen mit der kirchlichen Behörde an, die daraufhin das Interdikt über das Kloster verhängte, was zum Beispiel bedeutete, dass dort keine Sakramente mehr gespendet werden durften. Was war geschehen?: Ein junger Edelmann, der sich von der Kirche losgesagt hatte, wollte sich wieder mit ihr versöhnen. Aber sein Tod war schneller. Die Mainzer Prälaten verlangten, die Leiche vom geweihten Friedhof auszugraben, um sie vor der Friedhofsmauer zu verscharren. Hildegard wehrte sich, indem sie das Grab unkenntlich machte und nicht preisgab, weil sie ja wusste, dass der Mann innerlich schon wieder zur Kirche zurückgefunden hatte.

Auch Menschen wie Hektor Gallego oder der Jude Janusz Korczak wagen im Geist Gottes das Außengewöhnliche:

3. *Hector Gallego,* gerade 33 Jahre alt, wird 1971 aus der Hütte eines Freundes gelockt, verschleppt und gilt bis heute als vermisst. Vier Jahre vorher hat er seine Familie und Kolumbien, sein Heimatland, verlassen, um in Panama als Seelsorger zu arbeiten. Ein Jahr später wird er Pfarrer in Santa Fe. Hier beherrschen mächtige Familiensippen die armen Kleinbauern, die Campesinos. Er stört mit seinem Einsatz für soziale Gerechtigkeit die heile Welt der Reichen. Er wird verprügelt, verhaftet, seine Hütte wird in Brand gesteckt. Er lebt die Botschaft Jesu vor: »Wer sein Leben verliert, wird es gewinnen!«
4. Oder: *Janusz Korczak* (1878–1942), ein jüdischer Arzt. Die SS (eine Hitlerorganisation) bot ihm die Garantie, dass er am Leben bleibe, wenn er den Waisenhauskindern erzähle, dass sie in das »Land von Milch und Honig« geführt werden sollten. Nur ja kein Kindergeschrei beim Abtransport, damit die Bevölkerung nichts merkt. Er

aber zog an der Spitze der Jungen und Mädchen los, die er in einem stummen Protest gegen das mörderische Regime in Prozession zu den Waggons führte. Zusammen mit ihnen starb er im KZ Treblinka in einem Brauseraum am tödlichen Zyankali.

5. Andere bekannte Beispiele nennen: …

(L. zeigt wieder das brennende Öllämpchen) Wie schön, wenn Jesus Christus, der Bräutigam, uns zum himmlischen Hochzeitsmahl einlädt und wir unser brennendes Lämpchen auf den geschmückten Tisch stellen können.

Anhang

Register der eingesetzten Symbole und Zeichen

Die Zahlen beziehen sich auf die *Nummer* der Ansprache.

Feste, Festzeiten und Themen im Kirchenjahr

Die Zahlen beziehen sich auf die *Nummer* der Ansprache.

Schriftstellenverzeichnis

Die Zahlen beziehen sich auf die *Nummer* der Ansprache.

Markus

Lukas

Johannes

Apostelgeschichte

Römer

1 Korinther

2 Korinther

Galater

Epheser

Philipper